Fleur Platow

Mehr Sicherheit beim Geldanlegen

Frauen investieren anders

Hoffmann und Campe

1. Auflage 2002

www.hoffmann-und-campe.de
Schutzumschlaggestaltung: Büro Hamburg/Mirja Winkelmann
Foto: Daniel Boschung, Zürich
Satz: LVD GmbH, Berlin
Druck und Bindung: Clausen & Bosse, Leck
Printed in Germany
ISBN 3-455-09351-5

Meinem Vater
in Liebe und Dankbarkeit

Inhalt

Vorwort

Herbst 1945. Zwei Babys meines Vaters hatten gerade das Licht der Welt erblickt: Das eine war ich, seine Tochter Fleur. Das andere Baby, das in den ersten zehn Jahren seines Daseins weit größere Aufmerksamkeit von ihm verlangt hat, war der Hamburger *Platow-Brief*.

Die Mutter meines Vaters war eine »brave Bürgersfrau«. Als solche tat sie, was unsere Großmütter Mitte der vierziger Jahre in der Regel zu tun pflegten: Sie beschäftigte sich mit ihren Enkelkindern und dem Küchenzettel. Aber, meine Damen: »Les temps changent, et nous avec eux!« So pflegte mein Vater zu sagen, und – das füge ich jetzt hinzu – dieses geflügelte Wort trifft besonders auf das veränderte Rollenverhalten der Frau im Umgang mit Geld zu.

Die moderne Eva von heute interessiert sich zwar auch für die Themen unserer Vorgängerinnen. Darüber hinaus gehört es aber durchaus zum guten Ton, als Frau die Hausarbeit neben dem Beruf zu erledigen, trotz vielfacher Belastungen Kinder zu bekommen und zu erziehen, einen schlecht bezahlten Fulltimejob engagiert auszufüllen und gesellschaftlich an der Seite des Göttergatten eine gute Figur zu machen.

Doch einen weiteren Faktor des täglichen Lebens dieser »Eva« bildet daneben langsam aber sicher ein Sektor, der noch vor ein bis zwei Jahrzehnten vorwiegend Männersache war – nämlich die Kapitalanlage. Weil wir uns in dieser hohen Kunst vom männlichen Geschlecht kein X mehr für ein U vormachen lassen wollen, füllen wir zügig Wissenslücken auf.

Dass dieses Gebiet heute unter Frauen zunehmendes Interesse findet, ist mit Blick auf die besondere Situation der berufstätigen Frau leicht zu verstehen. Trotz der beschriebenen Mehrbelastungen leben Frauen im Schnitt länger, ohne dass es ihnen möglich wäre, ebenso goße Ersparnisse zu bilden wie Männer. Einer der Gründe dafür: Frauen haben geringere Versorgungsansprüche aus der gesetzlichen Rentenversicherung, weil ihr Bruttostundenlohn für eine vergleichbare Arbeit erheblich unter jenem ihrer männlichen Kollegen liegt. Außerdem haben sie infolge des Verdienstausfalls während der Kindererziehung kürzere Versicherungszeiten. Das ernüchternde Resultat: Laut einer Studie, die das Kölner Marktforschungsinstitut Psychonomics im Auftrag des Deutschen Instituts für Altersforschung erstellt hat, werden drei Viertel aller Frauen in Deutschland im Alter über kein ausreichendes Einkommen verfügen, um ihren Bedarf zu decken.

Wer nun aber glaubt, dass Frauen sozusagen aus dem Stand heraus in der Lage seien, ihre finanziellen Defizite durch besonders raffinierte Kapitalanlagen zu kompensieren, ist auf dem Holzweg. Die Zürcher Professorin Renate Schubert geht davon aus, dass Frauen sich aufgrund schwieriger Rahmenbedingungen vor Risiken fürchten, die sie nicht einschätzen können. Nach Erkenntnissen der Bausparkasse Schwäbisch Hall gehen Frauen denn auch in Geldangelegenheiten auf Nummer Sicher. Drei Viertel der weiblichen Bevölkerung setze immer noch auf das traditionelle Sparbuch.

Der Kundenberater – mein Freund und Helfer?

Auch meinen Vater beunruhigte die Gefahr, in die eine junge Frau geraten mag, die weder mit ökonomischem Verstand noch Interesse an Finanzen, geschweige denn mit dem nötigen Know-how ausgestattet ist. Aus eigener Erfahrung wusste er, dass viele Kundenberater in erster Linie für die Geschäftsinteressen ihrer Bank und nicht für die Profite ihrer Kunden arbeiten. Deshalb war er der Meinung: Wer sich bei der Geldanlage allein auf das Urteil seiner Kundenberater verlässt, der ist verlassen.

Die Lage war die: Zu Hause drehten sich die Gespräche meiner Eltern in erster Linie um Wirtschaft, Finanzen, Anlagepolitik. Naturgemäß langweilte mich diese für ein Kind allzu trockene Materie. Ich wollte nichts damit zu tun haben, zeigte als heranwachsender Teenager demonstratives Desinteresse und studierte aus Protest Germanistik, Publizistik und Archäologie. Und mein Papa? Ihm gelang es trotz vielfältiger Bemühungen zunächst nicht, mich von einem anlagepolitischen »Greenhorn« in einen Börsenfreak zu verwandeln.

Allerdings änderte sich die Situation schlagartig, als ich Mitte der siebziger Jahre in Zürich erstmals mit meinem Vater eine Präsentation in der Schweizerischen Kreditanstalt (SKA) besucht hatte. Rainer E. Gut, der heutige Verwaltungsratspräsident von Nestlé und langjähriger Präsident der Generaldirektion der SKA (heute Credit Suisse Group), verwickelte mich anlässlich dieser Konferenz in ein Fachgespräch, bei dem es mir mit Verstand und Glück gelang, Rede und Antwort zu stehen.

Dies war der Moment, in dem ich auf den Geschmack kam und gleichzeitig begriff, dass es in der Welt der Banken und des Business nicht ausreicht, charmant, freundlich und smart aufzutreten. Man muss sich, um kompetent zu sein, im finanzpolitischen Dschungel zurechtfinden! Von da an entschloss ich mich, dem Ansinnen meines Vaters zu folgen, ließ mich von ihm zu Diskussionen verleiten, bekam täglich morgens um acht Uhr einen Eilbrief (mit dem Vermerk an den Briefträger: »Nicht vor 7.30 Uhr klingeln.«) von ihm, in dem die wichtigsten Wirtschafts- und Unternehmensberichte des Vortages unterstrichen und am Rande kommentiert bei mir zur Analyse abgeliefert wurden. Und bald musste ich selber mit den Kundenberatern verhandeln, um zum Beispiel Konditionen neu aufliegender Obligationen zu erfragen, Aktienkurse zu verfolgen und vieles mehr.

Unter der Anleitung meines Vaters und seines amerikanischen Kollegen Guenter Reimann, des Herausgebers der *International Reports on Finance and Currencies* in New York, der sich oft in Zürich über meine rasanten Fortschritte wunderte, entwickelte ich eine gute Grundlage über Zusammenhänge und Mechanismen des internationalen Finanzsystems. Ich war deshalb in der Lage, nach dem Tod meines Vaters die frei gewordene Position als Korrespondentin bei *International Reports* fortzuführen, die 1982 gerade von der Londoner *Financial Times* übernommen worden waren.

Während meiner über zehnjährigen Tätigkeit als Korrespondentin in Zürich konfrontierte der Finanzchef eines multinationalen Unternehmens mich eines Tages mit der Frage: »Könnten Sie nicht eine Einlage als Trainerin zum Thema Kapitalanlagen für unsere Frauen geben?« Ich konnte nicht, weil ich zu viel mit meinem journalistischen Beruf zu tun hatte. Aber mir war der ernste Hintergrund des Ansinnens sofort klar. Es handelte sich um eine echte Marktlücke, Frauen den Weg in den sichereren Umgang mit Finanzen zu zeigen und ihnen zu Selbstbewusstsein und Unabhängigkeit von ihren erfolgreichen Ehemännern zu verhelfen.

Frauen sind anders, besonders wenn's ums Geld geht

Warum aber geschlechtsspezifische Kurse, die manche bespötteln? Besteht da wirklich ein Bedarf? Ja, meine ich. Berichten vieler Frauen entnehme ich tagtäglich, wie recht mein Vater mit seinen Befürchtungen hatte. Immer wieder höre ich dabei, dass Frauen schlechte Erfahrungen in der Bank gemacht haben. Sie sind herablassend, ja arrogant und unfreundlich behandelt worden. Außerdem, so ein auf Anonymität bedachter Bankdirektor im Originalton zu mir, sei »die ungeübte Frau Lieblingsziel vieler umsatzgedrillter Bankmitarbeiter«. Auf diese Weise, meinte der aus der Schule plaudernde Herr, seien so genannte »Ladenhüter« schon öfter im Depot der unbedarften Laiin gelandet, während die attraktiven Outperformer von heißlaufenden Neuemissionen schon eher den im Metier gewandteren und prestigemäßig überlegenen Herren überlassen werden.

Dass selbst intelligente Ladys durchaus etwas gehemmt und wortkarg werden können, wenn sie in Gegenwart ihres Mannes zu Kapitalanlagen Stellung nehmen sollen, habe ich auch schon hautnah miterlebt. Darüber hinaus unterscheiden sich Damen und Herren beim Umgang mit Geld durch geschlechtsspezifische Charakteristika. Neben geringerer Risikobereitschaft sind Frauen im Allgemeinen misstrauischer und kritischer. Sie informieren sich deshalb gründlicher und setzen lieber auf die sichere Karte. Wenn sie sich dann für einen Titel entscheiden, lassen sie ihren angeborenen Instinkt ein wichtiges Wort mitreden. Dabei ist für sie weniger die Rendite unter dem Strich relevant als die langfristige Perspektive, die hinter dem Unternehmen steht. Männer hingegen schießen vielfach aus der Hüfte, lassen sich eher von heißen Tipps verführen, ohne die harten Fakten hinter solchen Empfehlungen zu prüfen.

Stürzt der gekaufte Titel dann aber ab, haben Männer in der Regel nicht den Mut, sich rechtzeitig von dem »fallenden Engel« zu verabschieden. Das ist eine Erfahrung, die ich nicht nur aus Erzählungen meiner Kursbesucherinnen höre, sondern auch bei einem echten Börsenprofi, dem engsten Berater meines Vaters aus früheren Jahren, erlebe. Er kann nicht mit Verlust verkaufen! Begründung: Er habe sich mal wieder in eine seiner Aktien verliebt ...

Frauen haben dagegen weniger Mühe, zum Zwecke der Verlustbegrenzung zu verkaufen.

Übrigens scheint das »starke Geschlecht« im Allgemeinen einen weniger guten Überblick über seine Depots zu haben als das vermeintlich schwache. Das jedenfalls stellt die Direkt Anlagebank in Deutschland fest: Frauen seien im Gegensatz zu ihren männlichen Begleitern auch ohne Blick auf den Kontoauszug bei den Gesprächen mit den Kundenberatern genau über den aktuellen Stand ihrer Anlagen informiert.

Vor dem Hintergrund der eben geschilderten geschlechtsspezifischen Besonderheiten bei der Anlage und genereller Unterschiede in der Rezeption dieses doch recht spröden Themas, gefiel mir die Idee der systematischen Schulung von »women only« sehr.

Das ABC der Kapitalanlage

So entwickelte ich mit der Unterstützung eines befreundeten Bankers ein spezifisches Kursprogramm für Anfängerinnen. Unter dem Titel »Das ABC der Anlage« war Ende 1995 Premiere meines ersten Tagesseminars in Zürich. Damals ließ das Gros der Ehemänner die Einladungen, die von meiner anfänglichen Schirmherrin, der Handelskammer Deutschland Schweiz, verschickt worden waren, sofort in den Papierkorb wandern. Aber die Damenwelt überschüttete mich nach den ersten Zeitungsberichten über meinen Kurs mit Anfragen!

Natürlich ist es nicht so, dass jede Dame, die als »Greenhorn« in die heute auch von vielen Banken angebotenen Anlageseminare kommt, als frisch gebackene Expertin wieder entlassen wird. Aber die interessierte Zuhörerin erkennt, wie wichtig etwa geldpolitische Aspekte bei der Anlage sind, wo ihr Erspartes in turbulenten Zeiten am sichersten investiert ist und wie sie sich in der Zeitung für ihre eigenen Dispositionen zu informieren hat.

Unbestritten ist jedenfalls, dass die Seminare dazu beitragen, den Wissensstand und die Aktivitäten der Frauen auf dem Gebiet Geld und Kapital zu steigern, und zwar quer über den Globus. Dieser Trend wurde von der schwedischen Aktionärsvereinigung ebenso bestätigt wie von der französischen, aber auch von Großbritannien, wo mittlerweile über die Hälfte der Aktionäre weiblich sein sollen.

Dass ein Land mit einem so wichtigen Finanzplatz wie die Schweiz in Europa eine Pionierrolle auf diesem Gebiet spielt, ist verständlich. In Zürich wurde 1996 der SLIC gegründet (Smart Ladies Investment Club), der sich beides auf die Fahne schreibt: einerseits die Schulung und Weiterbildung von Frauen, andererseits die Philosophie des »Learning by doing«. Die Mitglieder des SLIC können unter sachkundiger Leitung den Einstieg in die Praxis der Kapitalanlage mit kleineren Beträgen bei einem seiner zugeordneten Investment Clubs in der deutschen Schweiz wagen.

Risiken der Geldanlage – alles halb so schlimm

Aus dem Bedarf moderner Frauen an finanzieller Sicherheit resultierte schließlich auch mein Wunsch, dieses Buch zu schreiben. Das Thema gewinnt aus drei Gründen an Bedeutung: Erstens haben Aktien sich in unseren Breitengraden im Gegensatz zu den USA, wo Know-how über diese Form des Investments seit langem zum Allgemeinwissen gehört, erst unlängst in weiten Kreisen wirklich etabliert. All jene, die ihr Debüt mit der Aktie erst 1999 hatten und dabei möglicherweise auf die Sieger des damals auslaufenden Aktienzyklus, die Vertreter der Wachstumsbörsen, gesetzt haben, mussten Schmerzhaftes erfahren. Es war im folgenden Jahr keine Seltenheit, dass eine Aktie, deren Kurs sich gerade halbiert hatte, glatt noch einmal die Hälfte verlor. Das Vertrauen der Anleger, die zum ungünstigsten Zeitpunkt eingestiegen sind, ist damit gründlich zerstört. Wenn das Buch einen Beitrag zu einer zuversichtlicheren Beurteilung der unterschiedlichen Instrumente der Geldvermehrung leisten kann, so wäre damit eines seiner Hauptanliegen erfüllt.

Aus der Tatsache, dass das Buch zu einem Zeitpunkt erscheint, da Anleger – bildhaft gesprochen – noch ihre Wunden lecken, ergibt sich ein weiterer wichtiger Aspekt. In diesem Zusammenhang ist es von Bedeutung zu wissen, dass der Begriff »Volksaktie« in Deutschland erst vor kurzem seinen Durchbruch erlebte. Und das geschah folgendermaßen: Die damals mehrheitlich im Staatsbesitz gehaltene Deutsche Telekom brachte im Juni 1999 einen weiteren Teil ihres Aktienkapitals für Publikumsaktionäre an die Börse. Damit gab sie knapp 250 Millionen junge Aktien zu einem Preis von 39,50 Euro heraus, was einer Kapitalaufnahme von zirka 9,8 Milliarden Euro entsprach. Es war die erste europaweite Börsenemission. Der Rahmen des bisher verzeichneten Volumens anderer Kapitalaufnahmen wurde gesprengt.

Um genügend Käufer für diesen Börsengang zu motivieren, waren die Manager des Unternehmens gezwungen, sich etwas einfallen zu lassen. Unter dem Motto »Volksaktie«

steigerten sie die Attraktivität der Emission für Kleinanleger dadurch, dass bei rechtzeitigem Entschluss zur Zeichnung ein Bonus auf den Zeichnungspreis gewährt wurde. Dieser Anreiz fiel auf fruchtbaren Boden – es gab einen regelrechten »Run« der Anleger aller Kategorien aus dem In- und Ausland auf die Deutsche-Telekom-Aktie.

Derjenige Investor, der im Februar 2000 clever genug war, seine Deutsche-Telekom-Aktie zu verkaufen, konnte eine Verdreifachung seines Einsatzes verzeichnen! Man könnte daraus den Schluss ziehen: *Wer gut essen will, kauft Aktien!* Trotz der günstigen Einstiegsmöglichkeiten bei der Zeichnung werden aber bei weitem nicht alle Telekom-Aktionäre Freude mit ihrer Entscheidung gehabt haben. Wer die Preise des Titels bis ans Ende des Jahres 2000 betrachtet, stellt fest, dass die Kursentwicklung ein Nullsummenspiel gewesen ist. Wer aber erst im Februar/März des Jahres 2000 bei einem Kurs von über hundert Euro zugegriffen hatte, musste im Verlauf eines Jahres einen Verlust von mehr als achtzig Prozent erleiden.

Ausgerechnet die Deutsche Telekom, die zur Volksaktie hochstilisiert wurde, hat eine breite Schicht von unerfahrenen Einsteigern auf eine brutale Art enttäuscht. Das Fazit für mich: Es besteht Handlungsbedarf. Aktienbesitzer müssen lernen, anlagepolitische Rahmenbedingungen zu berücksichtigen. Diese sollen Ihnen im Folgenden vermittelt werden. Relevant sind in diesem Zusammenhang Fragen nach dem Zeithorizont – wird das investierte Kapital kurz-, mittel- oder langfristig zu entbehren sein? Daneben ist die Frage nach der finanziellen Risikofähigkeit ebenso zu beantworten wie jene nach der individuellen Risikoneigung, mit der die Stabilität Ihres Nervenkostüms in turbulenten Börsenzeiten gemeint ist.

Das Beispiel der Deutschen Telekom zeigt, dass Erfolg und Misserfolg an der Börse sehr nahe beieinander liegen können. Wer darf schon von sich sagen, dass er bei der Einschätzung der kursrelevanten Grundlagen – wie etwa Konjunktur- und Bewertungsindikatoren – immer richtig liegt? Es handelt sich hier um Bereiche, die nicht so einfach zu verstehen sind. Dennoch sollen sie in diesem Buch behandelt werden, weil sie zum Handwerkszeug einer jeden seriösen Anlegerin gehören. Und wer ist darüber hinaus auch in der Lage, die Psychologie der Börse richtig zu interpretieren, die manchmal alle traditionellen Lehren umstößt?

Wichtig ist die Erkenntnis, dass das Timing – der Zeitpunkt des Kaufes und Verkaufes – zumindest für die mittelfristige Performance eine Rolle spielt. Der berühmten Slogan von André Kostolany: »Aktien kaufen, Schlaftabletten einnehmen und liegen lassen«, soll mit dieser Aussage zwar nicht ad absurdum geführt, aber doch relativiert werden. Wenn viele Aktien erster Qualität auf Sicht von Jahrzehnten die Wertsteigerung von Obligationen auch weit hinter sich lassen, so muss man sich ihnen doch mit Respekt und Interesse an Informationen nähern. Sicher ist, dass trotzdem ein Teil Ungewissheit bleibt. Daher ist jeder Entscheid zum Aktienkauf eine Spekulation.

Angesichts der dahingeschmolzenen Vermögen ist es verständlich, dass Fragen nach den generellen Risiken der Kapitalanlage heute öfter gestellt werden als in den vorangegangenen Jahren. Antworten darauf werden Sie aus diesem Buch erhalten. Es spannt einen Bogen über die ganze Palette der Investitionsmöglichkeiten von Aktien über Bonds und Cash bis hin zur Fondsanlage. Ziel ist es, Grundlagenwissen zu vermitteln. Bewusst wurde dabei eine Auswahl aus der Vielfalt der Themen getroffen.

Und damit wären wir bei meinem letzten und wesentlichen Hauptanliegen: Zu Ihrem eigenen Schutz vor drastischen Verlusten möchte ich Ihnen alte, seit Jahrzehnten geltende Regeln der Anlagepolitik vor Augen führen. Für mich persönlich steht hier an erster Stelle die Diversifikation – womit ich dafür plädiere, neben Aktien auch andere Instrumente in das Spektrum der Wertpapiere einzubeziehen.

Wenn Sie dieses Buch aus der Hand legen, werden Sie den Gang zum Kundenberater der Bank leichteren Herzens zurücklegen. Sie sollten dabei viele Stolpersteine und Absturzgefahren auf dem steinigen Weg zum Anlageerfolg schon kennen gelernt haben. Und Sie sollten die Augen für die Risiken der Vermögensverwaltung ebenso offen halten können wie für die Chancen. Steigen Sie ein, springen Sie mit mir auf den Zug in das Land der Bären und Bullen! Vielleicht werden Sie in nicht allzu ferner Zukunft meinem Beispiel folgen und von sich selbst kaum glauben, dass Sie einst zu den Investment-Greenhorns gehört haben.

Mein Dank gilt den Freunden und Fachleuten, die mir beim Schreiben dieses Buches mit Rat und Tat zur Seite standen. Dazu gehört an erster Stelle Karl Meyer, außerdem Christoph Anskinewitsch, Rosmarie Kessler, Hans-Peter Loosli, Dr. Dr. Markus Ruffner, Hugo Stalder und nicht zuletzt Martin Waltz.

Zürich im November 2001

Die Märkte

Mein Vater geriet nur selten in Wut, wenn es um mich ging. Aber diesmal stellte sein Ärger alle Ausbrüche in den Schatten, die ich je von ihm erlebt hatte. Obwohl Jahrzehnte vergangen sind, erinnere ich mich genau an jenen Frühlingstag, an dem ich – noch Studentin – meine Eltern in Bad Ragaz, einem Kurort in der Ostschweiz, besuchte. Wohl wissend, dass es Ärger geben würde, war ich aus Italien zurückgekehrt – mir war das kurz zuvor erhaltene Geburtstagsgeschenk meines Vaters, eine edle Brieftasche, gestohlen worden.

Der Vorfall bestätigte meinen Vater ein weiteres Mal in seiner Meinung über mein Desinteresse am Haushalten im Allgemeinen sowie am Geld im Besonderen. Er war aber auch ein willkommener Anlass, mich an die Kandare zu nehmen. Da meine Mutter etwas anderes vorhatte, wurde ich erstens zu einem Spaziergang mit meinem Vater auf die hoch über Ragaz liegende Burg Wartenstein verdonnert. Zweitens musste ich mir einen Vortrag anhören, den ich ohne das in mir brodelnde schlechte Gewissen kaum erduldet hätte. Er drehte sich rund um das Geld, die Kapitalaufnahme und die Wirtschaft.

Die Wirtschaft – der Ofen, das Geld – die Kohle

»Die Wirtschaft ist in ständiger Bewegung.« So ungefähr setzte mein Vater ein. »Stillstand heißt hier Rückwärtsgang, denn zur Sicherung von Prosperität und Überlebensfähigkeit gehörten Wachstum und ständige Entwicklung. Und wie die Kohle den Ofen, so bringt das Geld die Wirtschaft in Gang. Es ist die Voraussetzung für Wachstum und Weiterentwicklung und versetzt den Wirtschaftsmotor auch manchmal in Überhitzung. Ohne Geld kein Investieren, kein Konsum, kein Wohlstand, kein Wachstum!

Wir wissen, dass die Urvölker zunächst Handel betrieben, ohne Geld zu benutzen. Sie tauschten Naturalien wie Hölzer oder Bambus, Salz, Edelmetalle oder Häute und Vogelfedern zur Herstellung von Kleidern. Nach der chinesischen Überlieferung richtete ein mythischer Kultheros namens Schönnung, der im dritten Jahrtausend v. Chr. gelebt haben und den Ackerbau erfunden haben soll, Märkte ein und lehrte das Volk den Austausch von Produkten.

Bei dieser Art des Handelns gibt es jedoch Probleme. Du kannst dir sicher denken, dass dieses System nur unter bestimmten Umständen funktioniert – nämlich dann, wenn Waren in kleinem Umfang getauscht werden und wenn sich die Käufer und Verkäufer über den jeweiligen Wert der Waren, ihren Preis, einig sind. Wenn sich aber die Bedürfnisse derjenigen, die tauschen, nicht mehr decken, und wenn es sich darüber hinaus um einen anonymen, in großem Volumen vollzogenen Warentausch handelt, dann wird es schwierig. Parallel zum Tausch von Waren wurde später deshalb auch *Zeichengeld* als Tauschmittel benutzt. Zeichengeld existierte in zahlloser Form. Es lässt sich nachweisen, dass es durch Umbildung ursprünglicher Gebrauchsgegenstände entstanden ist. Speere, Messer und Schwerter wurden zu Zeichengeld. Auch die ältesten chinesischen *Münzen*, die aus der Bronzezeit stammen, waren Miniaturen von Gebrauchsgegenständen – leicht gebogene Messer oder landwirtschaftliche Geräte. In seiner Ursprungsform ist Geld damit eigentlich nichts anderes als Sachwert.

Wie ich schon sagte, war die Einschaltung von Scheinen oder Münzen in den Warentausch aus verschiedenen Gründen unerlässlich. Doch brachte diese Entwicklung auch gewisse Tücken mit sich. Relevant wurde nun die Vertrauensfrage nach der Höhe der Deckung des Geldes durch Waren. Anders formuliert: Im Mittelpunkt stand die Frage, ob der Wert des Geldes stabil bleiben konnte, weil der Tausch in Waren gleicher Mengen und Qualität garantiert war, oder ob diese Waren teurer wurden.

Jetzt fragst du dich vielleicht, wie es überhaupt zu einer Teuerung kommen kann. Ich will dir ein weiteres Beispiel aus der Geschichte geben. Im alten China zahlte der Staat seine Beamten mit Salz. Man fing im Laufe der Han-Zeit (200 v. bis 200 n. Chr.) der Einfachheit halber an, darauf *Anteilscheine* auszugeben. So wurden mit der Zeit diese Anteilscheine gegen Waren gehandelt. Es herrschte damals noch relative Preisstabilität, weil die Regierung instinktiv dafür sorgte, dass die Scheine mit gleicher Menge an Waren gedeckt blieben.

Erst als in späterer Zeit vermehrte Ausgaben zur Kriegsführung nötig wurden und auch mehr Söldner bezahlt werden mussten, griff die Regierung zum Instrument einer vermehrten Ausgabe von Anteilscheinen, die nicht mit einer erweiterten Ausgabe von Salz und anderen Waren verbunden war *(Geldschöpfung)*. Daraufhin mussten die Leute mehr Geldscheine hinlegen, um die gewohnte Menge Salz zu bekommen. In der Geschichte hat eine vermehrte Ausgabe von Geldscheinen oder eine Verschlechterung der Qualität der Münzen durch Beimischung minderer Metalle bei gleichbleibendem Warenangebot immer wieder zu einer *Entwertung* des Geldes, einer *Inflation*, geführt, während die Preise angestiegen sind.

Im Allgemeinen haben die Staaten und Herrscher das Vorrecht für sich in Anspruch genommen, Münzen und Geldscheine in Umlauf zu bringen. Das Wort »Werunge« aus dem Mittelhochdeutschen übersetzt bedeutet zwar »Gewährleistung des Gewichts und Feingehaltes der Münzen«, also der stabilen Kaufkraft des Geldes. Aber angesichts großer Ausgaben und Schulden, versuchten so viele Herrscher in der Geschichte den Geldwert zu verschlechtern, dass man schließlich eine automatische Preisstabilisierung durch den Goldautomatismus einführte, der den staatlichen Einfluss ausschalten sollte. Der Staat übernahm damit die Garantie, jegliche Menge an Papiergeld in eine bestimmte Menge Gold einzuwechseln.

Heute ist die Aufgabe der Hütung der Stabilität des Geldes den Notenbanken übertragen. Diejenigen unter ihnen, die eine relativ unabhängige Position von den Regierungen erlangt haben, können dieses Ziel mehr oder weniger erreichen. Damit garantieren sie die finanzielle Sicherheit der Bürger und tragen zur Erhaltung ihrer Vermögenswerte für späteren Bedarf bei.

Die durch Aristoteles definierten drei Grundfunktionen des Geldes haben heute noch Gültigkeit: *Wertaufbewahrungsmittel*, wenn man es sicher aufbewahrt und die Notenbank im Kampf gegen die Teuerung erfolgreich ist, *Wertmaßstab*, der die Abrechnung von Waren und Gütern vereinfacht, und *Tauschmittel* und damit Schwungrad der Wirtschaft.

Du glaubst leider immer noch, dass die Wirtschaft ein trockenes, abstraktes Gebilde sei. Das stimmt aber keineswegs. Denn die Wirtschaft wird ja von den Menschen gestaltet und ist auf das Engste mit Prozessen unseres täglichen Lebens verbunden. Schon allein deine Morgendusche setzt reibungslose Wasser- und Stromversorgung voraus, dein Frühstück wird hauptsächlich aus der Agrarwirtschaft gewonnen, die Fahrt ins Büro setzt heute neben Benzin und Autos gute Straßen oder öffentliche Verkehrsmittel voraus. Die Weiterentwicklung dieser Dinge des täglichen Lebens ist ohne Geld – also die Finanzierung – schlicht nicht möglich.

Eine Hauptrolle in diesem Prozess spielt der *Kredit:* Besonders die Unternehmen brauchen Geldmittel, zum Beispiel für die Investition in neue Maschinen oder in den Kauf anderer Firmen. Aber auch die Konsumenten brauchen Geld – entweder um eine Wohnung oder eine Radioanlage zu kaufen oder ihre Ausbildung zu finanzieren. Der Staat wiederum könnte Kapital zum Bau neuer Kernkraftwerke, von Schulen und Straßen aufnehmen. Teilweise handelt es sich um große Summen, wie etwa Hunderte von Millionen oder gar Milliarden.«

Als mein Vater bemerkte, dass ich seinem Redefluss immer noch zuhörte, sah er mich wieder etwas freundlicher an und fuhr fort: »Stell dir einmal vor, was allein eine Milliarde bedeutet. Du müsstest während rund dreier Jahre täglich eine Million im Lotto gewinnen! Wenn Unternehmen so große Summen brauchen, kommt meistens entweder die traditionelle Kreditgewährung der Banken zum Zuge, oder aber die Kapitalaufnahme am Markt. Dabei handelt es sich insbesondere um zwei Anlageformen: nämlich *Aktien, die für die Anleger ein Miteigentumsrecht an einer Gesellschaft darstellen,* und *Renten (Anleihen, Obligationen), mit denen Anleger den Unternehmen sozusagen einen Kredit geben.* Der Staat bedient sich vornehmlich der Ausgabe von Renten, die auch für die Firmen eine gern benutzte Kreditquelle darstellen.«

Inzwischen waren wir oben auf der Burg Wartenstein angekommen und beschlossen, eine Pause im Restaurant einzulegen.

Ersatz des Bankkredits durch Ausgabe von Wertpapieren

»Die Aufnahme der finanziellen Mittel durch die Schuldner geschieht also nicht mehr nur durch Bankkredite, sondern auch am Markt«, fuhr mein Vater fort. »Solltest du jetzt an einen Blumen-, Fleisch oder Fischmarkt denken, liegst du gar nicht so falsch. Der Markt, den ich gerade anspreche, hat sehr wohl Ähnlichkeiten damit.

Generell ist ein Markt der Ort, an dem sich Angebot und Nachfrage nach einem bestimmten Gut treffen. Die Preise schwanken je nach dem Verhältnis von angebotener und nachgefragter Menge. Man spricht zum Beispiel von Edelmetall-, Rohstoff-, Immobilien- oder Finanzmärkten, um nur einige zu nennen. Die Finanzmärkte unterscheiden sich von den übrigen Märkten dadurch, dass die dort gehandelten Werte und Waren nicht physisch vorhanden sind.

Das traditionelle Kreditgeschäft der Banken, das *Kommerzkreditgeschäft*, wird immer mehr durch die *Verbriefung* von Wertpapieren in den Hintergrund gedrängt werden. Damit ist die Ausgabe von Aktien oder Anleihen gemeint.«

Mit dieser Prognose sollte mein Vater Recht behalten, denn diese Tendenz – die damals von den USA ausging – hat sich zunehmend auch im Euroland fortgesetzt. Das heißt, dass der Finanzbedarf der Teilnehmer im Wirtschaftsprozess immer weniger durch teurere Bankkredite befriedigt wird, sondern durch *Ausgabe von Wertpapieren*.

»Die Banken spielen die Rolle der *Vermittler (Verkäufer)* zwischen *Herausgebern (Emittenten)* der Papiere und den *In-*

vestoren[1] «, bemerkte mein Vater. Er zog zur Darstellung des Prozesses einen Filzstift hervor und begann seine Erklärungen auf einer Serviette zu visualisieren:

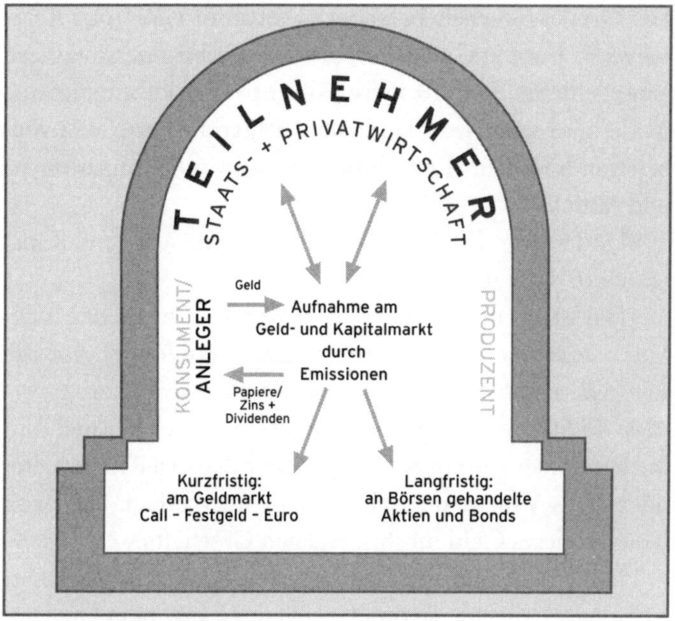

Die Wirtschaft – der Ofen

»Die Teilnehmer am Emissionsgeschäft von Aktien und Renten (Obligationen, Anleihen):

1. *Emittenten der Wertpapiere als Schuldner*, das heißt die Teilnehmer aus der Staatswirtschaft – dazu gehören unter anderem die Bundesrepublik Deutschland, die Schweizerische Eidgenossenschaft, die Länder beziehungsweise in der Schweiz die Kantone und supra-nationale Institutionen wie die Europäische Investitionsbank (EIB) und die Welt-

1 Heute treten viele Unternehmen am Kapitalmarkt auf, ohne sich der Banken zu bedienen.

bank – sowie die Privatwirtschaft mit Banken und Unternehmen.

2. *Private oder institutionelle Anleger als Kreditgeber oder Aktionäre.*

Der Ort des Geschehens ist der so genannte *Geld-* oder *Kapitalmarkt*. Für die Geldgeber, uns Investoren also, sind diese Engagements nichts anderes als entweder kurzfristig laufende oder langfristig laufende Anlagen in Form von verbrieften Krediten (Renten beziehungsweise Obligationen) und Aktien.«

»Und was ist der Unterschied zwischen Geld- und Kapitalmarkt?«, fragte ich.

»Das ist gar nicht schwer zu verstehen«, antwortete mein Vater. »Der erste Hauptunterschied bezieht sich auf die *Laufzeit*, also die Dauer: *Geldmarktanlagen* rangieren *zwischen 48 Stunden* und *einem Jahr*. Prominentes Beispiel sind die Festgelder, die ein Kunde bei einer Bank vielfach auf drei oder sechs Monate oder aber auch kürzer anlegt. Die Bank benutzt dieses Geld für ihre eigenen Geschäfte.«

Hier unterbrach ich meinen Vater mit der Bemerkung: »Und was habe ich davon, dass ich der Bank mein Geld auf einige Monate für ihre Geschäfte borge?«

»Die Bank bezahlt dir als Preis auf die ausgeliehene Summe einen für die Laufzeit üblichen *Zins*, den Geldmarktzins! Das ist zwar meistens ein sehr geringer Prozentsatz auf die geschuldete Summe – aber du erhältst den Wert deines Geldes und lässt es mit einem zwar bescheidenen, aber im Vergleich zum Sparbuch etwas größeren Profit arbeiten.

Zu den *Kapitalmarktanlagen* zählt man in der Regel Anlagen, deren *Laufzeit* auf *über ein Jahr* festgelegt wurde. Hierzu gehören *Aktien* und *Anleihen*. Anleihen haben meistens eine vorausbestimmte *fixierte* Laufzeit, die Aktie ist von ihrer Bestimmung an die Lebensdauer der hinter ihr stehenden Gesellschaft gebunden. Allerdings kann man beide Arten der Anlage heute jederzeit am Kapitalmarkt verkaufen.

Ein zweiter Unterschied bezieht sich auf die *Höhe des Zinses*. Da Aktien keine Zinsen ausschütten, reden wir in diesem Zusammenhang nur von den Geldmarktanlagen und den Anleihen. Die Zinsen am Geldmarkt sind in der Regel in allen Hauptwährungen sichtbar *unter* den Kapitalmarktzinsen. Am Kapitalmarkt bekommst du für deine Bereitschaft, dein Geld länger als nur Monate zu entbehren, einen höheren Zins. Es gibt zuweilen allerdings Phasen, in denen diese Regel nicht mehr stimmt.

Die bestimmenden Kräfte für die Zinsentwicklung sind am Geld- und Kapitalmarkt nicht die gleichen. Am Geldmarkt bestimmt die *Notenbank* das Zinsniveau, am Kapitalmarkt sind es die *Teilnehmer am Kreditgeschäft*. Das heißt, hier ist das Zusammenspiel von Angebot und Nachfrage nach Krediten beziehungsweise Anleihen relevant für die Zinstendenz. Wenn wenig Anleger sich bereit erklären, in den Anleihemarkt zu investieren, könnte das Angebot an Anleihen die Nachfrage übersteigen. Dann besitzen die Anleger, also die Gläubiger mit ihrem Kapital sozusagen einen knappen Stoff, den die Unternehmen unbedingt brauchen. Letztere müssen nun einen höheren Preis (Zins) bieten, um an den Stoff heranzukommen. Das führt zu steigenden Zinsen. Hast du noch Lust auf eine kleine Geschichte über die Börse?«

Die Stimme an meiner Seite klang endlich wieder versöhnt.

»Dieses Thema gehört eigentlich zu meinen vorangegangenen Erklärungen, mein Herz.«

Aha, dachte ich, er hat seinen Zorn inzwischen abreagiert. Ich war so froh darüber, dass ich keine Mühe hatte, weiter zuzuhören.

Die Börse

»Im Unterschied zu anderen Märkten ist die Börse ein organisierter Markt mit Gesetzen, strengen Regeln, Verordnungen, Organen und festen Handelszeiten. Du kannst nicht nur Waren, Getreide oder Metalle auf Wochen oder Monate im Voraus ›per Termin‹ an gewissen Börsen kaufen und verkaufen, sondern du kannst das zum Beispiel auch mit fremden Währungen, wie dem US-Dollar oder dem englischen Pfund, tun. Vor allem gibt es in vielen Städten der Welt heute aber Wertpapierbörsen, an denen Aktien und Anleihen gehandelt werden.

Die Anfänge dieser Institutionen liegen in Brügge im vierzehnten Jahrhundert. Damals trafen sich Kauf- und Handelsleute im Hause einer Patrizierfamilie am Marktplatz und sprachen über alles Mögliche, über Handelsgeschäfte, Geldgeschäft, aber ebenso über Klatsch und Tratsch aus dem damaligen Wirtschaftsleben. Weil die Familie reich war, nannte man sie ›van der Beurse‹. Das bedeutet übrigens ›Geldbeutel‹, den diese Familie bestimmt sorgfältig bewacht und anders als du in gut verschlossenen Taschen bei sich trug! Das Beispiel machte Schule, und im fünfzehnten und sechzehnten Jahrhundert entstanden Börsen auch an anderen Plätzen wie Antwerpen, Lyon, Amsterdam, Augsburg und Nürnberg.

Obwohl viele Gesellschaften sich schon früh der Aktie zur Kapitalaufnahme bedienten, haben sich Börsen erst im Zuge der Industrialisierung des neunzehnten Jahrhunderts richtig zu etablieren begonnen. Ihre Funktionen sind damals dieselben wie heute gewesen. Sie ermöglichen die Kapitalaufnahme für langfristige Investitionen, wie etwa den Aufbau von Bahnnetzen oder Fabrikanlagen, und sind damit eine Art Bindeglied zwischen Sparern und Anlegern (Investoren). Gleichzeitig wurden die Börsen nach dem Beispiel ihrer mittelalterlichen Vorgänger wichtige, zentrale Informationsstellen. Die Aktionäre wollen schließlich über den Fortgang des Geschäftes, in das sie ihr Kapital gesteckt haben, laufend Bescheid wissen. Weil positive Entwicklungen und Erwartungen sich sofort in steigenden – und Negatives vice versa in fallenden – Aktienkursen ausdrücken, ist die Börse zudem eine Art Bewertungsinstanz für Unternehmen. Zusammenfassend könnte man sie als Sammelbecken für anonymes Kapital charakterisieren, das insbesondere dorthin fließt, wo größter Geschäftserfolg bei scheinbar kleinstem Risiko lockt.

Heute stehen die Börsenhändler überall in Europa auf dem Parkett und schreien sich gegenseitig alle möglichen Kauf- und Verkaufskurse zu. Ein höllischer Lärm. Hat jemand den Auftrag, für einen Kunden hundert Daimler für vielleicht achtzig Mark pro Stück zu erwerben, so posaunt er: ›Achtzig Mark Geld!‹ Ein anderer Händler mit dem Auftrag, diesen Titel zu verkaufen, antwortet nicht minder lautstark: ›Achtzigeinhalb Brief!‹ Damit ist gesagt, dass Anleger bereit sind, zum so genannten *Briefkurs* Material zu verkaufen. Sie haben das Wertpapier, den Brief, und wollen dafür natürlich mehr Geld bekommen als derjenige, der das Geld hat und den Titel zum *Geldkurs* erwerben will. Würdest du doch auch so machen, nicht? Es geht meistens eine Weile zwischen Geld und Brief hin und her, bis schließlich verkaufs- und kaufwillige Parteien die Kursfindung vornehmen. Dann kommt es zu *bezahlten Kursen* – also jenem Preis, zu dem Aktien tatsächlich physisch verkauft werden.«

Die Erzählung brach damit ab, und wir erfreuten uns noch einen Moment lang an dem hinreißenden Panoramablick auf die Hügel der Bündner Herrschaft und den Rhein.

»Ich glaube, wir sollten nun gehen«, brummte mein Vater unvermittelt.

Die Börsenentwicklung im Rückblick des Jahrhunderts

Beim Abstieg wurde mir ein lebendiges Schicksalsbild der Börse vorgestellt: »Wenn du die Entwicklung dieses Jahrhunderts betrachtest, kannst du sehen, welche Achterbahnen die Börse parallel zu den politischen und wirtschaftlichen Ereignissen gezogen hat. Die höchsten Kursgewinne wurden zwischen 1900 und 1910 an den Börsen in den USA und in Australien mit 71 beziehungsweise 94 Prozent erzielt. Als 1914 dann der Krieg ausbrach, schlossen die Börsen in Europa und kurzfristig auch in New York.

Du fragst, was der Krieg für die Börsen bedeutete? So wie jeder Krieg hatte auch der Erste Weltkrieg außerordentlich negative Auswirkungen auf das Wirtschaftsgeschehen. In solchen Zeiten greifen die Regierungen zu inflationärer Geldschöpfung, das heißt, sie drucken mehr Geld. Aber die Vermehrung von Geldscheinen allein kann natürlich keine Lösung des eigentlichen Problems – nämlich der mangelnden Ausweitung der Güterproduktion – bieten. Die Menschen bekommen mit Recht Furcht vor einer explodierenden, ›galoppierenden Inflation‹ und flüchten in Sachwerte, die dem inflationären Geldentwertungsprozess nicht unterliegen.

Und was passiert, wenn die Preise explodieren? Den Märkten geht dann die Fähigkeit verloren, sich selbst zu regulieren. Die Inflation bringt die richtige Verteilung von Geld und Gütern durcheinander. Sie schreckt die Menschen von langfristigen Anlagen ab und verleitet sie zu kurzfristigen Spekulationen. Das ist einer der Gründe, warum die Aktien an den offenen Börsen während des Ersten Weltkriegs Kursrückgänge verzeichneten. Nach Abzug der Inflation konnte kein Aktienmarkt der Welt in diesem historischen

Jahrzehnt seinen Wert erhöhen. In den USA, wo die Konsumentenpreise um 103 Prozent stiegen, fiel der Aktienmarkt um 15 Prozent, in Zürich um 46 Prozent und in Berlin um 89 Prozent.

Es folgte ein sehr bewegtes Jahrzehnt mit schnellen Gewinnen und hohen Verlusten. In den Vereinigten Staaten hatte bedenkenlose Kreditvergabe die Spekulation derart angeheizt, dass die Börsenkurse in die Höhe schnellten. In der Meinung, durch Einleitung einer restriktiveren Kreditpolitik eine Krise auszulösen, fuhr die amerikanische Notenbank mit ihrer großzügigen Vergabe von Krediten fort. Die Spekulation nahm zu. Seit Beginn des Jahres 1928 bis September 1929 war der für die besten amerikanischen Aktien repräsentative Dow Jones Index von 200 auf 381 Punkte gestiegen, danach setzten Gewinnrealisationen ein, und am 18. Oktober begannen dann die Massenverkäufe. Dadurch sanken die Kurse in kürzester Zeit, was man heute als *Börsencrash* bezeichnet. Zunächst wurde die Tragweite des Ereignisses nicht voll erfasst. Der Einsturz des internationalen Finanzsystems stand bevor.

Während die frühen dreißiger Jahre von der Weltwirtschaftskrise überschattet wurden, rückte in den späten Dreißigern die Angst vor einem Krieg in den Vordergrund. Nach Kriegsbeginn verzeichneten die Märkte verschiedener Länder – wie übrigens auch Deutschlands – noch längere Zeit Kursgewinne. Aber zwischen 1944 und 1949 büßten deutsche Aktien nach Abzug der Inflation über 80 Prozent ihres Wertes ein. Doch zum Glück ist die Börse keine Einbahnstraße. Als sich die Wirtschaft in den fünfziger Jahren vom politischen und wirtschaftlichen Chaos erholte, entwickelte sich auch die Kurstendenz *(Performance)* an den Aktienbörsen wieder ausgezeichnet. Sie reflektierte den Optimismus des Wiederaufbaus und die dynamische Gewinnverbesserung der Unternehmen. Der deutsche Aktienindex stieg in diesem Jahrzehnt um 850 Prozent – eine phänomenale Entwicklung, findest du nicht?[2] Nun stehen wir vor der Wende zum achten Jahrzehnt, und die goldenen Jahre des Wiederaufbaus der Nachkriegszeit in Europa scheinen gezählt. Man kann gespannt sein, wie es weitergeht!«

Mein Vater war fast ein wenig melancholisch geworden, als ob er die Turbulenzen, die da kommen sollten, voraussah. Wir spazierten nun eine Zeit lang schweigend nebeneinander her, um uns dann anderen Themen zuzuwenden. Haben Sie Lust, sich auch die Börsenereignisse der siebziger Jahre bis heute vor Augen führen zu lassen? Dann folgen Sie mir.

Es wurde ein ziemlich dramatisches Jahrzehnt. Die von den arabischen Golfstaaten ausgelöste Periode ansteigender Energiepreise stand vor der Tür. Vielleicht erinnern Sie sich daran – der Ölpreis wurde in den siebziger Jahren, auf die sich mein Blick jetzt richtet, von zwei auf vierzig US-Dollar pro Barrel hochkatapultiert, die Preise für Energie zogen quer durch das ganze Spektrum an. Die Folge daraus war die übliche: Die Inflation hob ihr hässliches Haupt und reduzierte die Gewinne der Unternehmen und damit auch die Aktienkurs-Performance für die Investoren. Die übliche, mit der Geldentwertung zusammenhängende Flucht der Anleger aus Geld in Sachwerte begann, der Goldpreis explodierte. Nur die an den Rohstoff- und Edelmetallmärkten gehandelten Titel, die von der Erdölkrise mit den beiden Höhepunkten der Preissteigerung im Jahre 1973/1974 und 1979/1980 profitierten, konnten Kursgewinne verzeichnen.

Sie sehen, wie sehr das alte Sprichwort *Wer gut essen will, kauft Aktien* von der Wahl der richtigen Titel abhängig ist. Das gilt auch für den Zeitpunkt des Kaufs und Verkaufs, das

---

2 Die europäischen Aktien haben zwischen 1980 und dem Jahr 2000 doppelt so lange gebraucht, um einen Wertzuwachs von etwa 830 Prozent zu verzeichnen.

richtige *Timing* also. Wer beispielsweise 1973 in Aktien einstieg und diese in den folgenden fünfzehn Jahren bis 1988 in seinem Depot liegen ließ, verdiente mit der Mehrzahl der Titel weniger als ein Obligationär. Ursache war, wie gesagt, die Inflation, die gemeinsam mit einem scharfen Anstieg der Energiepreise auf der Wirtschaft lastete.

Die siebziger Jahre brachten aber auch die Internationalisierung der Finanzmärkte mit sich. So konnten 1977 erstmals ausländische Broker Mitglieder der New Yorker Hauptbörse werden. Es folgten die achtziger Jahre, die im Zeichen der Bekämpfung der Inflation und – als Folge daraus – steigender Zinsen standen. Der starke Anstieg der Zinsen führte im Jahre 1987 zum unvergessenen »Oktober-Crash«. Warum ein Zinsanstieg zum Aktien-Crash führt? Das liegt zum Teil auch daran, dass die Obligation als Anlageinstrument in Konkurrenz zur Aktie steht. Sie profitiert insofern von steigenden Zinsen, als ihre Renditen zunehmend interessanter werden. Darüber hinaus gewinnt sie als sicherer Hafen in Phasen rückläufiger oder schwankender Aktienkurse an Bedeutung. Es kommt deshalb und auch aus anderen Gründen, die ich später darlegen werde, zu Umschichtungen von Aktien in Obligationen.

Am 19. Oktober 1987 fiel die US-Börse innerhalb *einer* Sitzung um 508 Punkte auf einen Stand von 1738 Punkten oder um sage und schreibe 25 Prozent. Wenn Sie die Tragweite dieses Ereignisses in harten Zahlen erkennen wollen, dann orientieren Sie sich am Beispiel eines Schweizer Depots aus dieser Zeit. Es bestand ausnahmslos aus Schweizer Aktien erster Qualität und hatte im September 1987 einen Wert von 182 000 Schweizer Franken. Nach dem Crash wies dasselbe Depot gerade noch 119 000 Schweizer Franken mit denselben Titeln aus. Wäre der Besitzer gezwungen gewesen, aus diesem oder jenem Grund seine Buchverluste zu realisieren, dann wäre er in kürzester Zeit einem Kapitalzerstörungsprozess von 63 000 Schweizer Franken unterworfen gewesen oder um ein rundes Drittel ärmer geworden. Trotzdem: Wer es einige Monate später wagte, dem damaligen Generaldirektor der Schweizerischen Kreditanstalt Hans-Ulrich Doerig zu folgen und alle vorhandene Liquidität in Aktien zu investieren, hätte in den nächsten zehn Jahren wahrlich gut gelegen.

Wir treten jetzt in das letzte Jahrzehnt des zurückliegenden Jahrtausends ein. Die Globalisierung wird in dieser Phase durch die rasante Entwicklung der Informationstechnologien vorangetrieben. Während in den USA die Präsenzbörse mit so genannten Spezialisten als Preisvermittler des Handels mit Aktien noch eine entscheidende Rolle spielt, ist das traditionelle Börsenparkett in Europa bereits zu einem großen Teil durch den elektronischen Handel ersetzt worden. Mit der Einführung der Elektronik ändert sich das Berufsbild des Börsenhändlers Mitte der neunziger Jahre gegenüber der Zeit des »Cryout-Systems«. Er tauscht nun den früheren Arbeitsplatz am Ring mit dem Handelsraum seiner Bank. Der Handel wird anonymisiert, weil der Händler die Gegenpartei lediglich nach Abschluss der Transaktion am Bildschirm in Form des abgeschlossenen Preises sieht. Ein Computersystem führt jetzt die Aufträge zusammen, legt die Kurse fest und führt die *Abschlüsse* und die *Abwicklung* (*Clearing* und *Settlement*) automatisch durch.

Für den Kunden bedeutet dieses neue System erhöhte Transparenz, denn es ermöglicht schnellere Kenntnis des Umsatzvolumens und genaue zeitliche Festhaltung der Abschlüsse und ihrer Preise. Die Kundenberater sind ad hoc in der Lage, die zum Kauf oder Verkauf angebotene Anzahl der Titel sowie Geld- und Briefkurse zu nennen. Jeder kann das auch im Internet verfolgen.

Heute ist es selbstverständlich, dass die Order zum Kauf oder Verkauf von Wertpapieren »in no time« auf Knopfdruck von jedem beliebigen Kontinent in den anderen transferiert werden kann. Auch das Internet führt zu massiven Veränderungen. Die Börsen werden mittlerweile durch Electronic Communication Networks (ECN) konkurrenziert. In den USA wird bereits ein bedeutender Teil des Volumens der an der technologielastigen Börse Nasdaq und der an der New York Stock Exchange (NYSE) gehandelten Aktien über solche ECN abgewickelt. Diese Entwicklung stellt die ganze Branche auf den Kopf.

Im Kern zeichnet sich irgendwann – und angesichts der Rasanz der heute ablaufenden Prozesse vielleicht schon bald – eine vereinheitlichte elektronische europäische Plattform für den grenzüberschreitenden Aktienhandel ab. Auch die US-Nasdaq, die schon über fünfzig Prozent ihres EU-Pendants Easdaq besitzt, und die Nasdaq-Märkte in Asien sollen darüber erreichbar sein. Damit wäre der Startschuss für einen vierundzwanzigstündigen Handel rund um die Welt und um die Uhr gegeben.

Die marktwirtschafliche Aufgabe der Börse – Kapitalbeschaffungsinstrument der Wirtschaft und Garantie für ständige Liquidität für die Investoren zu sein – hat sich im Laufe der Geschichte nicht verändert. Und noch eines: Obwohl neue Auftragsarten entstanden sind, obwohl sich die Arbeitsplätze für die Händler verändert haben und der Blickkontakt durch den Computer oder das Telefon ersetzt wurde, bleibt doch der Mensch als Akteur Zentrum des Börsengeschehens.

Kommunikationstechnologie und Globalisierung bewirkten, dass der Kapitalanleger sich heute gleichsam in einer Welt ohne Grenzen befindet. Geld- und Kapitalströme werden in die Regionen und Anlagesektoren kanalisiert, in denen die besten Renditen bei größter Sicherheit erzielbar erscheinen. Generell sind das in den neunziger Jahren wiederum die Aktienbörsen gewesen. Deren Trend ging mit Unterbrechungen und mit Ausnahme der von einer anhaltenden Wirtschaftskrise charakterisierten Börse Japans nur in eine Richtung – nämlich nach oben. Es war eine Zeit, in der die Notenbanken die Märkte mit hoher Liquidität versorgten, also eine Phase der Geldschöpfungsprozesse, die von 1992 bis Ende 1999 dauerte und die mit einer Welle der Zinssenkungen quer über den Erdball einherging.

Möglich waren diese Zinssenkungen vor dem Hintergrund der Teuerungsentwicklung, die praktisch in allen westlichen Industriestaaten einen deutlich geringeren Anstieg verzeichnete als in den Jahren zuvor. Resultat der sinkenden Zinsen war unter anderem die Ankurbelung der Weltwirtschaft sowie – mit Unterbrechungen – ein Kursfeuerwerk an den Aktienbörsen. Im Gegensatz zu steigenden Zinsen sollten sinkende Zinsen mit einer Zeitverschiebung zu einer Beflügelung der Aktienmärkte führen. Denn sinkende Zinsen haben vor dem Hintergrund sinkender Finanzierungskosten positiven Einfluss auf die Gewinnsituation der Unternehmen und die allgemeine Konjunkturlage.

Die Börsenbarometer

Bei der folgenden Abbildung handelt es sich nicht um irgendeinen Index, sondern um den amerikanischen *Dow Jones Industrial Average*, das erste Börsenbarometer der Welt. Erfunden wurde es gegen Ende des neunzehnten Jahrhunderts von dem Amerikaner Charles Dow, der die US-Aktien mit dem größten Kapitalgewicht und Bekanntheitsgrad zusammenfasste. Die Methode war einfach: Die täglichen Schlusskurse der besagten Aktien – es waren damals nur zwölf – wurden zusammengezählt und die Summe durch

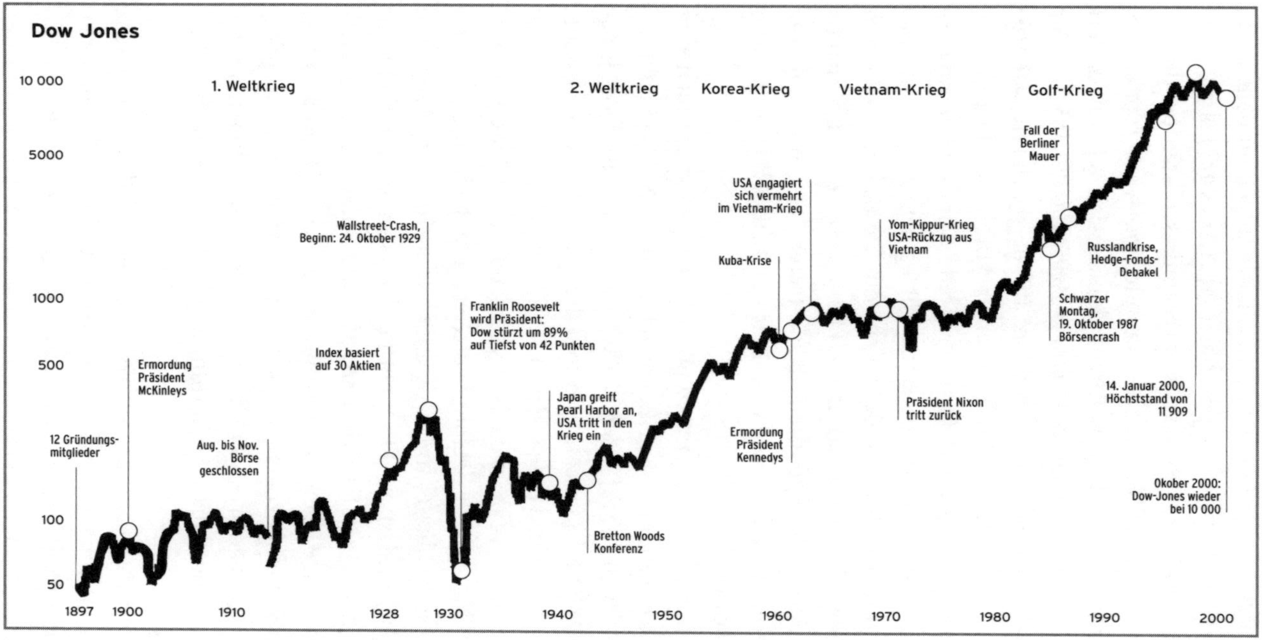

Quelle: Datastream

zwölf geteilt. 1928 wurde die Zahl der aufgenommenen Gesellschaften auf dreißig erhöht. Dabei ist es geblieben.
Der Dow Jones Index ist nicht die umfassendste, aber die elitäre Messlatte für die Kursveränderungen amerikanischer Aktienvertreter. Der breitere Index, der sich auf fünfhundert Titel bezieht, ist der *Standard & Poor's 500* (S&P 500). Der Dow Jones reflektiert bis heute auf die gleiche Art wie früher die Börsenkurstendenz seiner Mitglieder. Der einzige Unterschied besteht darin, dass jede Kursveränderung erfasst wird. Die Namen der als würdig befundenen Mitglieder des Dow Jones ändern sich von Zeit zu Zeit. Die einen gehen, die anderen kommen. Heute rangieren auch Firmen darunter, die eigentlich als Vertreter der New Economy begonnen haben, wie zum Beispiel AOL, IBM, Intel oder Microsoft.

In der Welt der Aktien und Börsen begegnet Ihnen aber auch ein anderer Begriff, den ich an dieser Stelle gebührend vorstellen möchte: der DAX. Genau wie beim Dow Jones wird seine Entwicklung durch die Kurse der Anteilscheine von der Crème de la Crème dreißig deutscher Unternehmen bestimmt. Während des Börsenhandels wird die Kursentwicklung dieser dreißig Werte ständig nach einem festgelegten Schlüssel im DAX abgebildet. Im Gegensatz zum Dow Jones ist der DAX ein Performance Index: Nicht nur die Kursveränderungen pro Minute, sondern auch die Aktienerträge (Gewinnausschüttungen an die Aktionäre) werden mit einbezogen, als ob sie automatisch wieder angelegt würden. Die in den DAX integrierten Unternehmen werden einmal pro Jahr nach bestimmten Kriterien gefiltert und ersetzt.

Mit der Einführung des Euro wurde die europäische Indexfamilie »Dow Jones Stoxx« mit vielen verschiedenen Untergruppen geschaffen, die die Aktienentwicklung einzelner Branchen und Regionen spiegeln. Die wichtigsten

Indizes dieser Familie sind der »Stoxx 50« und der »Euro Stoxx 50«. Beide enthalten fünfzig europäische Standardwerte, wobei der Stoxx 50 Unternehmen aus ganz Europa integriert, während der EuroStoxx 50 sich nur auf die Crème de la Crème der Firmen *(Bluechips)* bezieht, die Mitglieder des Euro sind.

Die Schweiz hat neben dem breit gefassten Swiss Performance Index ihren Swiss Market Index, kurz SMI genannt, der heute durch die Kurse von 27 weltbekannten Unternehmen bestimmt wird. Dominiert wird der Schweizer Hauptindex durch die Branchen Pharma, Nahrungsmittel und Finanz.

Die Neuen Märkte

Wenn Sie heute, zu Beginn des dritten Jahrtausends, auf den repräsentativen Dow Jones blicken, so sehen Sie, dass der Indexstand sich seit dem Crash von 1987 ungefähr verfünffacht hat. Wer allerdings glaubt, dass es in der vergangenen Dekade ein Kinderspiel war, an den Weltbörsen Geld zu verdienen, täuscht sich. Zumindest die Jahre 1994, 1997 und 1998 hatten aus anlagepolitischer Sicht ihre Tücken. Auch das Jahr 2000 führte zu »Heulen und Zähneklappern« bei vielen Aktienbesitzern. Lassen Sie uns einen Moment in diesem denkwürdigen Jahr verweilen.

Schon vor Beginn des Jahres war es plötzlich zu einer Spaltung der Märkte gekommen – die Börsen der *New Economy* mit den Vertretern der Technologie-, Medien- und Telekombranchen, die man unter den Begriff *Neue Märkte* subsumiert, explodierten (boomten), während die Börsen der alten Wirtschaft *(Old Economy)* mit den klassischen Standardtiteln seitwärts drifteten. Allein im Jahre 1999 hatte der technologielastige amerikanische Nasdaq Index (National Association of Securities Dealers Automated Quotation) fast neunzig Prozent zugenommen, während sich der Dow Jones eher seitwärts entwickelt hatte. In Europa hatten sich die kleineren und mittleren Unternehmen, die an den verschiedenen Neuen Märkten gehandelt wurden, teilweise verdreifacht, während die Klassiker der Old Economy nur wenig oder überhaupt kein Kursgewinnpotenzial gezeigt hatten. Die gegensätzliche Kurstendenz der Börsenindizes der New und der Old Economy hielt weltweit nach der Jahreswende an.

Doch dann kam ohne Vorankündigung der U-Turn: Die Nasdaq Börse und der ebenfalls vorwiegend Technologie-, Medien- und Telekomaktien (TMT-Titel) enthaltende deutsche Nemax sowie auch der SNM (Swiss New Market) erlitten crashartige Einbrüche. In der Folge halbierte sich der Nasdaq-Index von seinem Höchststand im März 2000 bis zur Jahreswende, während der deutsche Nemax 50 sich ungefähr drittelte. Der SNM lag zwar etwas besser, hat in dieser Phase aber auch vierzig Prozent verloren. Die traditionellen Standardtitel hingegen, die vorwiegend die Old Economy vertreten und etwa in den Swiss Market Index, SMI, den Dow Jones oder den DAX integriert sind, konnten sich zunächst wesentlich besser halten.

Warum das so war? Ganz einfach: Es kam zu Umschichtungen aus den »aggressiven Wachstumstiteln« der neuen Märkte in sicherere Häfen, die so genannten *defensiven* Aktienvertreter der traditionellen Börsen. Die vergleichsweise positivere Lage der Börsen für die Standardtitel hielt allerdings nicht lange an. Aus Gründen des immer langsamer fahrenden globalen Wirtschaftszuges verloren die marktführenden Aktienindizes in der ersten Hälfte des Jahres 2001 zwischen zehn und siebzehn Prozent. Die Wachstumsbörsen ihrerseits gerieten nach einem Zwischenhoch wieder ins Rutschen, wobei die Verluste am Nasdaq 28 Prozent ausmachten, während der Neue Markt in Deutschland, der in eine regelrechte Existenzkrise geraten war, 57 Prozent tiefer notierte. Sie fragen nach den Gründen für die »Ups and Downs« der Märkte zur Jahrtausendwende?

Eine entscheidende Ursache für den gewaltigen Niedergang der Neuen Märkte, der mit dem Untergang vieler Wachstumsgesellschaften des dot.com – aber auch anderer – Sektoren verbunden war: Es handelte sich vielfach um junge, noch nicht etablierte Gesellschaften, so genannte Start Ups, die zeitweise zwar stürmisches Auftrags- und Umsatzwachstum, aber keineswegs schon Gewinne schreiben konnten. Sie hatten von der guten Konjunkturlage und dem durch internationalen Wettbewerb extrem gewachsenen Kostensenkungs- und Rationalisierungsbedarf der Wirtschaft profitiert. Kapitalaufnahme über Aktienemissionen oder andere Wege war für sie ein Kinderspiel. Sie wurden sozusagen mit billigem Geld überschüttet, denn fast jeder wollte bei der Party der New Economy dabei sein.

Sowohl Produzenten als auch Abnehmer, sowohl die Notenbanken als auch die Regierungen, aber auch viele Analysten und Anleger glaubten damals an eine Fortsetzung des Wachstums über viele weitere Jahre. Man wähnte sich am Beginn einer neuen Epoche, einer lang anhaltenden Phase des technologischen Wandels, jawohl – einer Technologierevolution, die das Tempo der Wirtschaft bei gleichzeitiger Dämpfung der Teuerung über Jahre erhöhen sollte! In Wirklichkeit handelte es sich aber um eine Fehleinschätzung des Potenzials für die neuen Technologien.

Die Euphorie hatte sowohl bei deren Produzenten als auch bei den Abnehmern einen verhängnisvollen Aufbau überschüssiger Vorräte ausgelöst. Als die Wirtschaft dann einen Seitwärtstrend einschlug, begannen sich die Erträge gewisser Gesellschaften negativ zu entwickeln. Aufgrund der hohen Überkapazitäten (Vorräte auf Lager) mussten drastische Preissenkungen von den Anbietern vorgenommen werden. Auf einmal reichten die Erträge vieler Firmen nicht mehr, um den Schuldendienst und alle Kosten abzudecken. Das Ende vieler Gesellschaften der dot.com- und verwandter Branchen kam schneller als erwartet. Und die Wallstreet hatte Mühe, die Schocks über die Gewinneinbrüche zu verdauen.

Die Furcht der Anleger, dass die explosive Entwicklung der Kurse übersteigert gewesen war, wuchs. Die Börsenkurstendenz stand tatsächlich in keinem vernünftigen Verhältnis zur Umsatzentwicklung vieler Unternehmen. Als Abby J. Cohen, die Chefanalystin von *Goldman Sachs* (GS), Anfang März 2000 das Signal in die Welt tragen ließ, dass GS den Tech-Sektor seiner verwalteten Gelder um fünf Prozent vermindert hätte, begann der Kurssturz der neuen Märkte. Es war ein weiterer Beweis dafür, dass die internationale Finanz- und Wirtschaftswelt am Rockzipfel der Ereignisse in den USA hängen.

Dies betrifft insbesondere das Wirtschaftswachstum, weil Europa und die aufstrebenden Länder über die Exportschiene und die globalen Produktionsstätten der Industriegiganten mit den amerikanischen Vorgaben verbunden sind. Es betrifft aber auch die Zinsentwicklung, bei der die US-Notenbank vielfach die Vorreiterrolle spielt, und es betrifft nicht zuletzt die auf allen diesen Komponenten beruhenden Börsen- und Branchenentwicklungen. Gerade in unserer globalisierten Welt haben die Amerikaner immer noch die Nase vorn.

Und glauben Sie bitte nicht, dass die Misere ausschließlich die Wachstumssegmente der New Economy betraf. Mit fortschreitender Konjunkturabschwächung sollten sich im Jahre 2001 Schwachstellen unternehmerischer Strate-

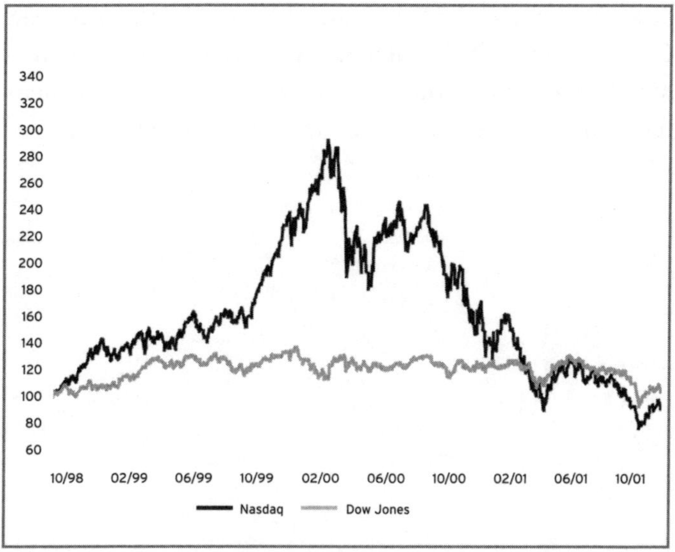

Der erste Technologie-Crash im Frühling 2000. Der repräsentative Index für amerikanische Technologietitel, der Nasdaq, halbierte sich im Laufe des Frühlings 2000, während der Index für die Old-Economy-Titel, der Dow Jones, seitwärts driftete. (Quelle: Datastream/UBS)

gien auf viele der Old Economy auswirken. Der Grund für den Niedergang war vielfach auch zügellose Expansionspolitik, wie sie zum Beispiel die Manager der bankrotten Swissair, aber auch viele andere Leidengenossen aus der Old und New Economy zuvor betrieben hatten.

Die Nerven der Börsianer lagen in diesem Jahr 2001 fast ununterbrochen blank. Wer denkt in so schmerzhaften Zeiten oft existenzieller Vermögensverluste schon an die alte Weisheit, dass die Börse zu einem großen Teil Spekulation ist? Es ist auch kein Trost, dass sie eben nicht nur von realen Zahlen, Grundlagen und Fakten getragen wird, sondern von Menschen und damit von psycholgischen Faktoren, auf die ich später zu sprechen komme. Gewiss ist, dass die Börse keine Einbahnstraße ist und dass man trotz vieler unwägbarer Ereignisse, die bestimmend für die Märkte sind, ein Grundlagenwissen haben und gewisse Spielregeln und Termini kennen muss. Dies ist vor allem auch dann von Bedeutung, wenn Sie den Schritt in die Praxis wagen wollen.

Praktisches für die ersten Schritte

Zürich an einem sonnigen Herbsttag. Sugar, eine exzentrische amerikanische Filmschauspielerin, die sich zur Prinzessin gemausert hat, lädt zum Lunch ins »Baur au Lac« ein. Dort residiert sie seit Wochen – wie ich später erfahre, auf Kosten unseres gemeinsamen großzügigen Freundes Raoul. Ins »Baur au Lac« lässt sie auch die Rechnungen ihrer diversen Einkäufe schicken. Der Concierge zahlt und damit auch wieder Raoul.

Warum Sugar mich heute einlädt? Die lebenslustige Dame kann nicht allein sein. Sie braucht Gesellschaft. Wie aus dem Ei gepellt sitzt sie im Grillroom, die platinblonden, perfekt selbst gefärbten Haare leuchten, und Sugar strahlt. »Darling«, sie nimmt mich zur Begrüßung in die Arme, »it is so nice to see you«. Dann erzählt sie höchst amüsant über ihre letzten Reisen. Aus dem Familienbesitz ihres verstorbenen Mannes hat sie in Polen Ländereien mit einem Schloss geerbt, das nach dem Fall des Eisernen Vorhangs wieder von ihr bewohnt werden kann. »Next time you must come along«, wiederholt Sugar ein Angebot. Es dauert nicht lange, bis sie mir ihre aufkommenden Sorgen offenbart: Sie hat eine Verabredung mit der Bank. Und weil sie weder die Bankersprache beherrscht noch einen Schimmer hat, was zum Nutzen ihres Vermögens zu tun wäre, ergreift die berühmte Schwellenangst von ihr Besitz. »Please, Fleur, do come with me«, fleht Sugar, während sie ihr Erdbeergratin genießt.

Im Hinblick auf die Probleme, die das Gespräch eines »Greenhorns« mit einem Anlageberater verursachen kann, habe ich eine Idee. Ich schlage vor, dass Sugar ihre Lücken selber schließen und ihren Kenntnisstand durch einen Besuch des Vortrages verbessern solle, den eine befreundete Bankerin am Wochenende im Kreise meiner Schülerinnen halten würde. »Du kannst gut genug Deutsch und wirst«, bemerke ich im Brustton der Überzeugung, »eine Menge für deinen nächsten Besuch bei der Bank mitnehmen. Und dann brauchst du mich überhaupt nicht mehr!« Die Idee gefällt, und so kommt es, dass Sugar zu den Teilnehmerinnen meines nächsten Kurses im Erlengut am Zürichsee gehört.

Woran »frau« einen guten Kundenberater erkennt

»Woran erkenne ich eine kompetente Kundenberatung?«, lautet ein Thema. Margrit, Referentin der Veranstaltung und selbst eine erfahrene, geprüfte Kundenbetreuerin, steht ganz locker da, nimmt ihre Zuhörerinnen in Augenschein und beginnt mit sonorer, wohltönender Stimme aus der Schule zu plaudern:

»Bevor Sie Kundin werden, sollten Sie mit den Kundenberatern mehrerer Banken Gespräche führen. Sie sollten dabei zunächst einmal herausfinden, auf welcher Basis Sie mit Ihrem potenziellen Betreuer reden können. Verstehen Sie seine oder ihre Sprache? Gefällt Ihnen die Art und Weise, wie Sie miteinander umgehen? Gefällt Ihnen überhaupt der Typ Ihres Gegenüber? Klar ist, dass bei negativer Beantwortung einer dieser Fragen eine entscheidende Voraussetzung unter schlechtem Vorzeichen steht – nämlich jene für eine gedeihliche, vertrauensvolle künftige Zusammenarbeit. Die Betonung liegt dabei auf dem Begriff *Vertrauen*! Es geht schließlich um eine Anlagestrategie, die auf Sie ganz persönlich zugeschnitten ist. Sie bildet die Voraussetzung für die Erstellung Ihres Depots, das alle in Ihrem Besitz befindlichen Wertpapiere und Geldbestände enthält.

Ihre Kundenberaterin oder Ihr Kundenberater hat im Idealfall eine ähnliche Funktion wie ein Arzt, ein Anwalt oder ein Seelsorger. Der Unterschied liegt nun darin, dass wir nicht nur in Krisenfällen, sondern auch im Normalfall, also regelmäßig, von unseren Kunden aufgesucht werden. Zur optimalen Lösung vielfältiger Probleme, die in unserem Aufgabenbereich entstehen können, ist die Schaffung einer Vertrauensbasis unerlässlich.

Selbstverständlich kann eine solche Beziehung nicht von heute auf morgen aufgebaut werden. Gut Ding will Weile haben, meine Damen. Doch werden Sie als Kundin schon im ersten Gespräch mit Ihrem zukünftigen Banker merken, dass private Probleme auf den Tisch gelegt werden müssen. Genieren gilt nicht, sondern ist von Schaden für Sie! Bereiten Sie sich daher auf eine Diskussion vor, die klare Antworten und Offenlegung Ihrer persönlichen Verhältnisse verlangt. Die Themen, mit denen routinierte Betreuer ihre potenziellen Kunden in einem ersten Gespräch zur Vorbereitung der Depoteröffnung konfrontieren, sind vielfältiger Art und könnten etwa folgendermaßen lauten:

- *Zur familiären Situation:* Sind Sie verheiratet? Wenn ja – übt der Ehepartner eine selbstständige Tätigkeit aus? Müssen bei schlechtem Geschäftsgang eventuell Vermögenswerte angegriffen werden? Müssen Eltern oder Kinder unterstützt werden? Existieren Kinder aus einer anderen Ehe? Gibt es innerhalb der Familie Probleme?
  Ein Beispiel: Vor einiger Zeit hatte ich Besuch von einem Paar. Sie wünschten ein gemeinsames Konto zu eröffnen. Gleichzeitig betonten sie, dass sie zwar seit über zwanzig

Jahren in einem Haus zusammenlebten, ohne jedoch verheiratet zu sein. Die Frage nach Kindern wurde bejaht: je zwei Kinder aus erster Ehe, jedoch keine gemeinsamen Kinder. Mein Interesse an dem Verhältnis der Kinder untereinander löste helles Entsetzten aus: ›Um Gottes willen, diese Kinder sprechen nicht einmal miteinander!‹ Sollten Sie, meine Damen, in einer ähnlichen Situation sein, dann wäre es ein weiser Entschluss, getrennte Depot- und Kontoführung beizubehalten!

- *Zu den Finanzen:* Welche Ziele verfolgen Sie bei der Anlage? Sind Sie auf Kapitalgewinn ausgerichtet? Oder sind Sie gar spekulativ veranlagt? Wenn ja – können Sie sich die Kursrückgänge, die mit spekulativen Anlagen verbunden sind, auch leisten? Oder haben Sie Schulden? Haben Sie neben Ihrem Vermögen noch andere ertragsbringende Substanz, zum Beispiel ein Haus oder eine Versicherung? Lassen Sie sich alle diese Fragen vor dem ersten Gespräch mit der Bank durch den Kopf gehen. Sie sind für die auf Sie ganz persönlich zugeschnittene Anlagestrategie von grundlegender Bedeutung.
- *Zum generellen Zeithorizont des jeweiligen Anlegers:* Welche Lebenserwartung haben Sie noch? Es ist ein Unterschied, ob jüngere Anleger mit regelmäßigem Einkommen zwanzig bis dreißig Jahre im Voraus planen können oder ob ein Rentner oder Pensionist auf Nummer Sicher gehen will. Wenn Sie etwa auf ein regelmäßiges Einkommen aus Ihrem Ersparten angewiesen sind, dann müssen Sie die Substanz Ihrer Werte erhalten. In diesem Fall gilt: Vorsicht bei Aktienanlagen! Instrumente, die vergleichsweise stärker berücksichtigt werden sollten, sind Festgeld, Spargeld, festverzinsliche Anlagen.

  Eine wichtige Frage, die nicht nur im ersten Gespräch, sondern generell für Ihre Dispositionen Bedeutung hat, lautet: Ist eine Geschäftsgründung oder ein Immobilienkauf zu einem bestimmten Zeitpunkt geplant? Wenn ja, sind nur kurzfristige Anlagen – die in der Regel eine Laufzeit bis zu zwölf Monaten haben und als *Geldmarktanlage* bezeichnet werden – angeraten.

Vielleicht können Sie aus dem ersten Gespräch schon intuitiv beurteilen, ob ein gegenseitiges Vertrauensverhältnis zwischen Ihnen und Ihrem neuen Ansprechpartner möglich sein wird. Das allein genügt aber nicht. Zudem ist zu prüfen, ob Ihr Temperament zu dem des Bankers passt. So ist beispielsweise die Kombination eines ›trading-orientierten‹ Beraters, der auf möglichst schnellen Kauf und Verkauf der Wertpapiere aus ist, und einer langfristig an der Erhaltung ihrer Vermögenssubstanz orientierten Anlegerin niemals von Vorteil.

Natürlich kann niemand die Tugenden seines Gegenübers aufgrund der ersten Gespräche vollständig abschätzen. Vor allem über die Fachkompetenz wird man ein klares Urteil erst nach geraumer Zeit der Zusammenarbeit fällen können. Dann erweist sich auch, ob folgende grundsätzliche Qualitäten vorhanden sind: *Seriosität, Diskretion und Zuverlässigkeit* sind Voraussetzungen, die genauso wichtig sind wie ein sorgfältiger, schneller Service. Letzterer ist in der heutigen Zeit großer Kostensenkungsprogramme (sprich: Rationalisierungen) der Banken für mittlere oder kleine Kunden überhaupt nicht mehr selbstverständlich. Daneben muss Ihr Ansprechpartner in der Lage sein, die Anlagen auf Ihre individuellen Bedürfnisse anzupassen. Dafür sollte, wie oben ausgeführt, die Chemie zwischen Ihnen und ihm – oder ihr – stimmen. Von Bedeutung ist auch, dass nicht nur die Interessen der Bank beachtet werden, sondern *Ihr* Interesse vorrangig ist.«

Bei dieser Aussage wurde es unruhig im Saal. Eine der Damen rief: »Zwischenfrage! Woher soll ich als Anfängerin denn wissen, ob mein Banker meine Interessen wahrt?«

RAT

Sie erkennen die Qualität Ihres Kundenberaters unter anderem daran, dass er sich auch ohne Umsatzmöglichkeit von Zeit zu Zeit bei Ihnen meldet, um mit Informationen und Anregungen Servicedienste zu leisten. Sollte er Ihnen auch einmal davon abraten, einen Anlageentscheid zu realisieren, der eine Transaktion und damit eine Einnahme für die Bank bedeutet, so merken Sie daran, dass er in Ihrem Interesse handelt.

»Auf Ihr erstes Gespräch sollten Sie sich in einer ruhigen Stunde gründlich vorbereiten und gut informiert sein. Gehen Sie davon aus, dass viele Großbanken und auch kleinere Banken wenig Interesse daran haben, Depots unter 100 000 bis 200 000 Euro zu eröffnen. Geringe Einlagen sind für die Banken kostenintensiv, weil sie keine ausreichenden Erträge abwerfen. Für kleinere Budgets ist es daher empfehlenswert, sich an Sparkassen, Volksbanken und Raiffeisenbanken (in der Schweiz an die Kantonalbanken) zu wenden, die stärker auf Kleinkunden eingestellt sind. Sollten Sie als Anlegerin schon über ein gewisses Know-how sowie Internet-Kenntnisse verfügen, wenden Sie sich am besten an eine Direktbank. Sie finden dort zwar im Vergleich weniger persönliche Anlageberatung, aber weit kostengünstigere und schnelle Transaktionsmöglichkeiten an der Börse.«

Mit diesen Ratschlägen beendete Margrit ihren Vortrag. Allerdings – und das gebe ich an dieser Stelle frank und frei zu – die wirkliche Nagelprobe für die Kundin und den Banker kommt erst dann, wenn die Praxis beginnt. Dann erweist sich nämlich, in welchem Umfang und mit welchem Sachverstand Sie die Kompetenz Ihres Gegenübers beurteilen und in einer Diskussion »pari« bieten können. Wollen Sie die Strategien und Anlagevorschläge Ihres Bankers wirklich verstehen können? Wollen Sie Ihre eigene Meinung fachkundig äußern und auch mal »Nein, ohne mich«, sagen können? Wenn das so ist, müssen Sie bereit sein, ein wenig Ihrer Zeit zu investieren. Zum tieferen Verständnis der Entwicklung Ihres *Portfolios*, das alle Ihre Anlagen und Geldbestände enthält, sollten Sie die wesentlichen Aktualitäten auf den weltweiten Finanzmärkten verfolgen, kennen und interpretieren lernen. Es liegt in Ihrer Hand, sich ein Basiswissen auf diesem Gebiet anzueignen. Die tägliche Information aus der Zeitung ist ein glänzender Anfang dafür.

Das Lesen des Wirtschaftsteils einer Zeitung

Wie schwer aller Anfang ist, kommt mir dieser Tage wieder in den Sinn. Beim Aufräumen stoße ich auf ein vergilbtes Oktavheft mitsamt einer sanften, aber nachdrücklichen Aufforderung meines Vaters aus den Jahren, als ich Anlagenovizin war: »Doch freu' ich mich so sehr, dass Du nun täglich Deiner Situation eine Stunde – es müssten zwei sein – widmen wolltest. Dazu gehört täglich der Wirtschaftsteil der *FAZ*, damit Du sachverständig mit den Bankleuten sprechen kannst ...«

Auch Ihnen sollte der Wirtschaftsteil einer Zeitung als Steigbügel auf dem Weg zur smarten Lady-Investorin dienen. Lassen Sie sich nicht davon beeindrucken, dass Sie anfangs vielleicht nur wenig verstehen. Übung macht bekanntlich den Meister.

Ob Wirtschaftsteil der *Neuen Zürcher Zeitung* (NZZ), des schweizerischen *Tagesanzeigers* oder der *Frankfurter Allgemeinen Zeitung* (FAZ), ob *Süddeutsche Zeitung* (SZ), *Handels-*

blatt, *Wallstreet Journal* oder *Financial Times* – jede Zeitung, die etwas auf sich hält, setzt sich mit ähnlichen Themen auseinander: Eurokurs, Börsenturbulenzen, E-Commerce, Neue Märkte, Schwarzgelder, Firmenfusionen.

Was die Finanzlektüre angeht, sollten Sie die reine, möglichst *objektiv* gehaltene *Nachrichten*übermittlung vom *Kommentar* und damit der *persönlichen Meinung* der Fachjournalisten auseinander halten. Auf dem Deckblatt des Wirtschaftsteils der *Frankfurter Allgemeinen Zeitung* finden Sie zum Beispiel beide Kategorien: Auf der Mitte der Seite neueste Nachrichten, die das wichtigste aktuelle Geschehen aus Konjunktur- und Wirtschaftswelt ohne subjektive Wertung darstellen, auf dem linken Drittel hingegen persönliche Meinungen zum Geschehen in Form von redaktionellen Kommentaren sowie den Leitartikel eines Korrespondenten. Aber beginnen werden Sie Ihre tägliche Wirtschaftslektüre vielleicht mit einem Blick auf die rechte Spalte, die Ihnen neben dem Inhaltsverzeichnis auch ein erstes Bild der Finanzmärkte zeigt – Dollar je Euro, Börsenindizes, Geldmarktzinsen sowie Kapitalmarktrendite der zehnjährigen Euro-Anleihen, teilweise in Form von Grafiken über mehrere Tage vermittelt.

Im Innern des Blattes stoßen Sie auf weitere Wirtschafts- sowie *Hintergrundinformationen*, aus denen Sie ebenfalls Zusammenhänge erkennen und Ihren Wissensstand vertiefen können. Sie werden Branchenanalysen finden und generell mit dem Geschehen der unternehmerischen Wirtschaft bekannt gemacht. Neben den Berichten, die den Börsenkurs ihrer eigenen Anlagen beeinflussen mögen, wie zum Beispiel Unternehmensergebnisse, Strategien, Mutationen in den Führungsetagen der Konzerne oder Änderungen in der Produktgestaltung, erfahren Sie mancherlei Bemerkenswertes aus dem Szenario mittlerer und kleiner Unternehmen, mögen sie nun an der Börse notieren oder nicht.

Am 17. Mai 2001 meldet die Zeitung: »DG Bank geht stark geschwächt in die Fusion mit der GZ Bank – Ergebniseinbruch im ersten Quartal«. Die Schlagzeilen allein sprechen für sich, aber dem Kleingedruckten entnimmt man noch, dass im neuen Geschäftsjahr eher mit weiteren Belastungen, aber kaum mit Gewinnsprüngen zu rechnen sei. Bei der Deutschen Post sieht es anders aus: »Deutsche Post zieht ersten Vorteil aus dem Konzernumbau.«

Und beim Artikel über VW wird mein Anlegerinstinkt wach: »Volkswagen schmiedet Pläne gegen feindliche Übernahme – von den großen Automobilkonzernen ist VW zurzeit der billigste«. Interessant scheint mir hier die Aussage über »eine klassische Politik der Wertsteigerung bei VW: Die Ertragslage wird regelmäßig verbessert, die Marktstellung desgleichen, und Konzernchef Piëch kündigt darüber hinaus ein Feuerwerk neuer Modelle an.« Das riecht nach Kursgewinnpotenzial!

Von Bedeutung für mich ist auch die letzte Seite dieses Wirtschaftsbundes wegen der Rubrik »Markt & Meinung«. Sie bietet eine knappe essenzielle Beurteilung der Stärken oder Schwächen bemerkenswerter Firmensituationen mitsamt einer Grafik über deren Aktienkursverlauf.

Der Aktienkurs der Lufthansa, der auf der folgenden Grafik (S. 58) nach Abbruch der Tarifverhandlungen wieder »nach Süden«, also nach unten, zeigt, reflektiert die Sensibilität und Geschwindigkeit, mit der Anleger heute auf relevante News reagieren. Sie sind ja in der Lage, sich global über Internet oder Fernsehen fast ohne Zeitverzug zu informieren. Ob die damit zusammenhängenden Anlageentscheide längerfristig immer in die richtige Richtung weisen, steht allerdings auf einem anderen Blatt.

Einen weiteren wichtigen Aspekt des Wirtschaftsteils stellt der »Finanzmarkt« dar. Die Berichterstattung über Börsen und Märkte, über die Politik der Notenbank, über In-

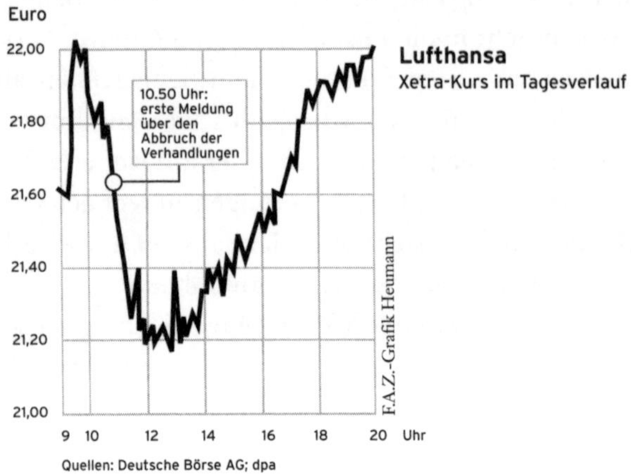

Der Zorn nimmt zu

noa. Schon wieder werden Fluggäste am Donnerstag ihre Reise nicht oder nur unter großen Schwierigkeiten antreten können. Die abgebrochenen Tarifverhandlungen bei der Lufthansa sind dafür der nicht einleuchtende Grund. Rund 40 Prozent für dieses Jahr, einschließlich Gewinnbeteiligung, fordern die Piloten, die Lufthansa bietet 27,3 Prozent. Dazwischen klafft eine Lücke, die die Fluggesellschaft nicht bereit ist zu schließen. Trotz aller Nachschlagdiskussion der Cockpitbesatzungen ist dies in der jüngeren Tarifgeschichte ein einzigartig hohes Angebot. Wenn es überhaupt einmal Verständnis für die Belange der Flugzeugführer gab, dann ist dieses schon längst aufgebraucht. Nicht nur die verhinderten Passagiere dürften langsam zornig werden. Auch die Mehrheit der Lufthansa-Beschäftigten hat keine Sympathie mehr für die hochbezahlten Cockpit-Besatzungen. Schon jetzt zirkulieren Flugblätter, Schmähschriften und ironisch gemeinte Spendenaktionen innerhalb der Belegschaft. Die innerbetriebliche Stimmung wird als explosiv beschrieben. Deshalb hat der Konzernvorstand auch fast keine Verhandlungsspielräume mehr, will er sich künftig auf das operative Geschäft konzentrieren und nicht dauerhaft Tarifverhandlungen einschließlich Nachschlagdiskussionen führen. Und noch eins ist heute schon zu spüren: Auch andere Unternehmen sehen ihre Mitarbeiter, vor allem die an Schlüsselpositionen des betrieblichen Ablaufs, mit kritischerem Blick.

Hans-Christoph Noack, Frankfurter Allgemeine Zeitung, 17. 05. 2001 flation und Zinsen bringt regelmäßig Tendenzen des Tagesgeschehens (»Börse heute«), Firmencharakteristiken (»Aktie im Blickpunkt«) sowie Informationen über Fonds. Der »Emissionskalender« informiert über die Auflegung neuer Anleihen *(Emissionen)*.

Wo immer Sie sich über die Finanzmärkte informieren, ob in der Wirtschaftszeitung, im Fernsehen oder im Internet, stoßen Sie auf wichtige Wirtschaftsbegriffe. Um eine versierte Anlegerin zu werden, müssen Sie sie begreifen.

Wirtschaftsbegriffe im Überblick

Das Bruttoinlandsprodukt

In der Wirtschaftswelt ist das Bruttoinlandsprodukt ein viel gebrauchter Begriff. Kaum ein Tag vergeht, ohne dass Sie in der Zeitung, im Radio oder im Fernsehen darauf gestoßen werden. Oft wird er aber gar nicht richtig verstanden. Für Fachleute ist das BIP eine wichtige Messgröße zur Einschätzung der wirtschaftlichen Situation eines Landes. Es drückt die Erstellung von Gütern und Leistungen der nationalen Wirtschaft in einer Größe aus, die mit einer vorangegangenen Phase verglichen wird.

Unter dem Bruttoinlandsprodukt (BIP) versteht man den Gesamtwert der im Inland hervorgebrachten Produktions- und Dienstleistungen, das heißt die berufliche Leistung einer Volkswirtschaft auf inländischem Boden. Sie wird auf einen bestimmten Zeitraum berechnet und in Geldwert ausgedrückt. So betrug das deutsche BIP im Jahre 2000 knapp 4000 Milliarden DM. Zeitungen nennen gewöhnlich das prozentuale Wachstum im Vergleich zum Vorjahr oder das Quar-

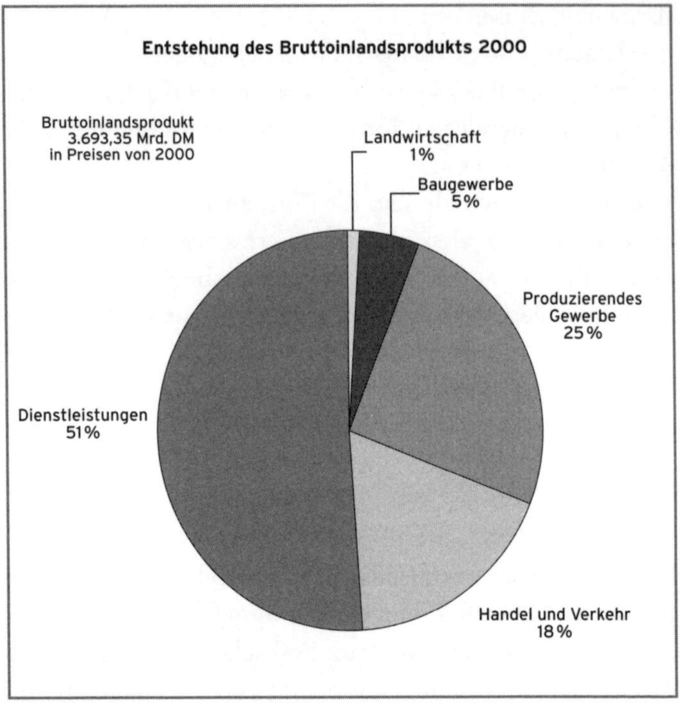

Quelle: BHF-Bank, Frankfurt

talswachstum in Prozent auf das Jahr hochgerechnet, das heißt annualisiert.

Das BIP entsteht in den Sektoren Landwirtschaft, Industrie und Dienstleistungen. Verwendet werden die produzierten Güter und Dienstleistungen im privaten und staatlichen Konsum, durch Investitionen und im Export. In den meisten Ländern entfällt heute ein verschwindender Anteil auf die Landwirtschaft, während ein bedeutender Teil die Industrie und der größte Teil den Sektor Dienstleistungen – unter anderem Banken, Versicherungen, Verkehr, Transport, freie Berufe, häusliche und private Dienste – umfasst.

Entwicklung des deutschen Bruttoinlandsprodukts

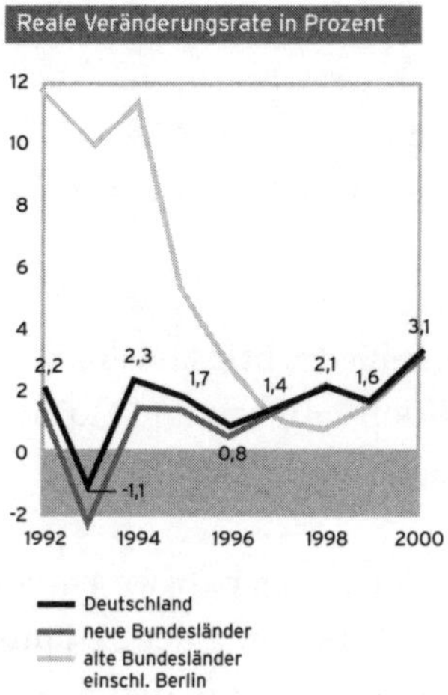

Entstehung (Anteile in Prozent)	1992	2000
Finanzierung, Vermietung, Unternehmensdienstleister	25,0	30,4
Produzierendes Gewerbe (ohne Bau)	28,7	25,2
Öffentliche und private Dienstleister	20,9	21,1
Handel, Gastgewerbe, Verkehr	17,5	17,2
Baugewerbe	6,6	4,9
Land, Forstwirtschaft, Fischerei	1,3	1,2

Verwendung (Anteile in Prozent)	1992	2000
Private Konsumausgaben	56,7	58,2
Konsumausgaben des Staates	19,8	18,8
Bruttoinvestitionen	23,8	22,5
Ausrüstungsinvestitionen	9,3	8,5
Bauinvestitionen	13,9	11,7
Außenbeitrag (Export minus Import)	-0,2	0,5

Die Entwicklung des deutschen Bruttoinlandsprodukts
Die Tabelle zeigt die Entstehung und Verwendung der in Deutschland produzierten Güter und Dienstleistungen. Der größte Anteil auf der Entstehungsseite betrifft Dienstleistungen, der Löwenanteil auf der Verwendungsseite entfällt auf Konsumausgaben.

Anhand des Vergleichs des Bruttoinlandsproduktes über mehrere Jahre ist nachvollziehbar, wie sich eine Wirtschaft entwickelt. Steigt der Geldwert an, wächst eine Wirtschaft. Natürlich kann das Wachstum im Vergleich zum Vorjahr auch sinken. Das heißt dann nicht, dass eine Wirtschaft schrumpft, sondern sie wächst damit langsamer als zuvor. Das deutsche BIP wuchs in der Dekade zwischen 1990 und 2000 zum Beispiel von rund 2400 Milliarden auf knapp 4000 Milliarden DM und damit rund 4,65 Prozent pro Jahr. Im Vergleich zum Vorjahr betrug das Wachstum im Jahre 2000 allerdings nur noch relativ magere drei Prozent. Es handelt sich hier um eine reale Veränderungsrate. *Real bezeichnet im Gegensatz zum Ausdruck nominal den Wert unter Abzug der Inflationsrate.*

Das Bruttoinlandsprodukt ergibt sich also aus der Summe der Beiträge der inländischen Wirtschaftssektoren. Hinzu kommen die Leistungen des Staates und der privaten Haushalte.

Träger einer Volkswirtschaft, das heißt des BIP, sind drei wichtige Elemente: Konsum, Investitionstätigkeit und Export.

DER KONSUM

Der Konsum ist ein entscheidender, ja sogar *der* wesentliche Antrieb für Tempo, Dynamik und Richtung der gesamten volkswirtschaftlichen Entwicklung, weil er in den meisten westlichen Industriestaaten einen Löwenanteil am gesamten BIP einnimmt. Aus dem überproportionalen Anteil des Konsums wird auch verständlich, warum der Entwicklung des verfügbaren Einkommens der Bevölkerung sowie der Arbeitsmarktentwicklung so eine große Aufmerksamkeit gewidmet wird: *Sinkende Gehälter und sinkende Beschäftigung beinhalten ökonomische Risiken.* Sie wirken sich unmittelbar auf das Konsumentenverhalten aus und schwächen somit das Wirtschaftswachstum.

Da eine stattliche Anzahl der Konsumenten heute mit ihrem Geld am Aktienmarkt engagiert ist, spielen zudem die Börsengewinne beziehungsweise Börsenverluste eine erhebliche Rolle für das Ausgabeverhalten. Auch Energie- und Ölpreise, die bei steigender Tendenz Kaufkraft abschöpfen, wirken sich auf das Kaufverhalten der Verbraucher aus. Die allgemeine Stimmung in diesem Sektor reflektiert der Konsumklima-Index, den alle Länder monatlich veröffentlichen. Hinweise auf die Kauflust der Menschen geben auch die

Einzelhandelsumsätze, die regelmäßig in den Zeitungen publiziert werden.

DIE INVESTITIONSTÄTIGKEIT

Die Investitionstätigkeit ist ein weiterer Impulsgeber der Wirtschaftsentwicklung. Dabei unterscheiden sich Investitionen der Industrie von jenen der Anleger dadurch, dass Kapital nicht in Wertpapiere oder Sachwertanlagen – wie Gold, Kunst oder Land – umgesetzt wird, sondern in langlebige Wirtschaftsgüter, etwa in Bau, Ausrüstungen oder Maschinen. *Ein Rückgang der Investitionen der Firmen ist immer ein Warnzeichen für die gesamte Konjunktur.* Damit werden Schlüsselbereiche der Wirtschaft betroffen. *Hohe Industrieinvestitionen signalisieren hingegen, dass die Wirtschaft von günstigen Wachstumsaussichten ausgeht.* Darüber hinaus verbessern solche Investitionen die Wettbewerbsfähigkeit und damit die Gewinne der Unternehmen.

DER EXPORT

Der Export ist ein weiterer Pfeiler heutiger Volkswirtschaften. Gerade für Deutschland und die Schweiz, die beide sehr hohe Exportanteile besitzen, hat die Entwicklung der heimischen Währung in Relation zu den Auslandswährungen *(Wechselkurs)* besondere Bedeutung. So verteuert ein schwacher Euro- oder Franken-Kurs zwar importierte Waren aus dem Ausland, wie etwa Rohstoffe, verbilligt aber die heimischen Produkte im Ausland und verbessert damit meistens den Absatz und die Rentabilität der exportierenden Unternehmen.

Andererseits entlastet ein hoher Wechselkurs zwar die Teuerung *(Inflation)* der Waren im Lande, weil importierte Produkte – besonders das Öl – billiger werden; er führt aber zu einer Verteuerung heimischer Waren im Ausland und mindert damit die Verkaufsmöglichkeiten und die Gewinne. Selbst in einem Land wie Japan, in dem der Export Mitte der achtziger Jahre nur einen erstaunlich geringen Anteil am BIP hatte, führte die drastische Aufwertung des Yen zwischen 1985 und 1995 zu einem Ende des viel gerühmten japanischen Wirtschaftswunders. Das Land hat die anhaltende Krise bis heute nicht überwunden.

Die Konjunktur

Manchmal bedarf es nur einer aufmerksamen Beobachtung der Bewohner einer Stadt oder der ländlichen Gegenden, manchmal genügt ein Blick in die Geschäfte und Restaurants, um Veränderungen zu bemerken. Hast du nicht während des letzten Sommers noch viel mehr Leben und Treiben in den Cafés, in den Restaurants, in den Geschäften gesehen? Waren die Gesichter der Menschen nicht fröhlicher und entspannter? Und nun ist plötzlich alles anders. Himmelhochjauchzend – zu Tode betrübt! So habe ich die allgemeine Stimmung der frühen neunziger Jahren in der Schweiz in Erinnerung. Traditionell das Land des höchsten Pro-Kopf-Einkommens und der niedrigsten Zinssätze Europas war Arbeitslosigkeit vor 1990 mit 0,5 Prozent statistisch quasi nicht existent. Aber wo man sich eben noch auf einer Insel der Seeligen gewähnt hatte, drehte sich die Stimmung kurz darauf auf gedämpft und dann auf deprimiert. Warum, mögen Sie vielleicht fragen, konnte das geschehen?

Ganz einfach: Die Schweizerische Nationalbank hatte im Kampf gegen eine fieberkurvenhaft ansteigende Teuerung zwischen 1988 und 1990 die Zinsen, den Preis des Geldes für Ausleihungen beziehungsweise Kredite, drastisch erhöht. Die Zinsen für Hypotheken stiegen in dieser Periode beinahe auf das Doppelte. Stellen Sie sich vor, was das bedeutet: Sie sind gewohnt, für einen Kredit von einer Million Schweizer Franken etwa 45 000 Schweizer Franken Zinsen pro Jahr zu zahlen – und plötzlich werden daraus als Folge steigender Zinsen 80 000 Schweizer Franken! Wen wundert es da, dass der Häusermarkt seinen spekulativen Boom in vielen Teilen der Schweiz mit einem saftigen Zusammenbruch beendete?

Die Banken bekamen daraufhin Probleme mit zahllosen insolvent gewordenen Schuldnern. Sie hatten in der Blütezeit unvorsichtigerweise vielfach Liegenschaften bis zu nahezu hundert Prozent belehnt, deren Wert nun plötzlich um zwanzig, dreißig, ja sogar um fünfzig Prozent schrumpfte. Es mussten zusätzliche Sicherheiten bereitgestellt werden, aber das war den Schuldnern oft nicht möglich. Die Banken hatten auch Kredite außerhalb des Hypothekargeschäfts gegeben, die im Zuge einer deutlichen Konjunkturabschwächung notleidend wurden.

Aber nicht nur der Zinsanstieg, der in Ausmaß und Dauer ein spezifisches Problem der Schweiz war, sondern auch eine anhaltende Stagnation im benachbarten Europa drosselten das Wirtschaftstempo und warfen es zeitweise in den Rückwärtsgang. Wie ernst die Lage wurde, lässt sich auch aus der Arbeitslosigkeit ablesen, die vorübergehend auf über fünf Prozent hochschnellte. Die Schweiz verharrte rund sieben Jahre lang im konjunkturellen Tal und konnte sich erst beträchtliche Zeit nach den Zinssenkungen der Schweizerischen Nationalbank und den allmählich positiveren Impulsen aus dem Ausland erholen.

Und die Moral von der Geschichte? *Das Wirtschaftsgeschehen verläuft wellenförmig.* Betrachtet man diesen Tatbestand aus historischer Perspektive, sieht man, dass die kurzfristigeren mehrjährigen Schwankungen, die ich eben am Beispiel der Schweiz illustriert habe, von langen Wellen mit Phasen von jeweils vierzig bis sechzig Jahren überlagert werden. Der russische Nationalökonom Nikolaj Kondratieff hat herausgefunden, dass bahnbrechende Erfindungen eine entscheidende Rolle als Auslöser einer so genannten *langen Welle* spielen: *Jeder neue industrielle Aufschwung ist von technologischen Durchbrüchen bestimmt.*

So führte Ende des achtzehnten Jahrhunderts die Mechanisierung der Textilindustrie in Europa zum Aufschwung der Dampfmaschine und des mechanischen Webstuhls; seit Mitte des neunzehnten Jahrhunderts belebte der Eisenbahnbau den Aufschwung der Maschinenbauindustrie, der Schwerindustrie und generell der Fabriken, dann folgte Mitte des zwanzigsten Jahrhunderts die Elektrifizierung der Industrie und später der Haushalte. Der obere Wendepunkt und Beginn des Abschwungs liegt im Jahre 1929, als der Weltwirtschaftszusammenbruch eingeleitet wurde.

Nach 1945 wurde die Elektronik ein Aufschwungsfaktor. Die Massenmotorisierung wirkte als Auslöser für den Aufstieg der Automobilindustrie und des Straßenbaus. Der obere Wendepunkt dieser Welle wurde 1973, dem Jahr der ersten Ölkrise, erreicht. Ab 1990 sorgte die explosionsartige Verbreitung der Mikroelektronik, Informatik und Telekommunikation für eine neue Wachstumsperiode der Industrie, die jedoch mit dem Untergang alter Industrien und der Massenvernichtung von Arbeitsplätzen einherging. Neue Technologien ersetzen heute in vielen Bereichen Teile der Belegschaft. Aber gleichzeitig werden durch die neuen Industrien auch neue Arbeitsplätze geschaffen.

Obwohl die Informations- und Kommunikationstechnologie mittel- und langfristig durchaus führende konjunkturelle Triebkräfte bleiben werden, ist im Jahre 2001 eine Krise eingetreten, deren Dauer in den Prognosen unterschiedlich beurteilt wird. Festzustellen ist, dass diese Krise ursächlich mit der deutlichen Verlangsamung des Weltwirtschaftswachstums zusammenhängt. Im Gegensatz zur Annahme vieler Propheten gilt nämlich auch heute, im Zeitalter des rasanten technologischen Wandels: *Dem wirtschaftlichen Aufschwung folgt der Abschwung*. Dabei geht die Technologisierung des weltweiten Wissens mit Beschleunigungsprozessen einher, die zu einer Verkürzung der wirtschaftlichen Zyklen führen.

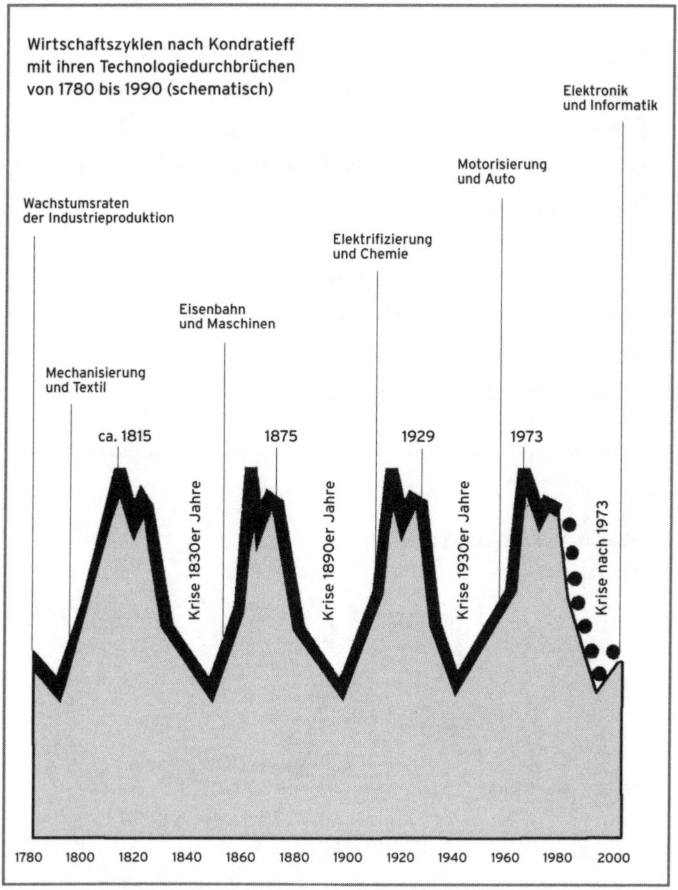

Der unabhängig von den langen Wellen Kondratieffs stattfindende ständige zyklische Wechsel wird Konjunktur genannt. Phasen einer Beschleunigung lösen Phasen einer Verlangsamung ab, und diese wiederum können zu stagnierendem oder rückläufigem Wirtschaftstempo führen.

Es lassen sich verschiedene Formen des Konjunkturverlaufs nachweisen, wobei die klassische Form einer Sinuskurve gleicht. Ein Konjunkturzyklus dauert drei bis sechs Jahre und gliedert sich im Wesentlichen in vier Phasen:

1. Die Phase des *Konjunkturaufschwungs* ist gekennzeichnet durch eine Spirale, die folgendermaßen verläuft:
- Steigerung der Produktion (nach der klassischen Lehre die Umwandlung der Produktionsfaktoren Arbeit, Boden, Kapital in Güter)
- Steigerung der Verkäufe
- Steigerung der Gewinne der Unternehmen
- Steigerung der Beschäftigung
- Steigerung des Konsums
- Steigerung der Investitionen

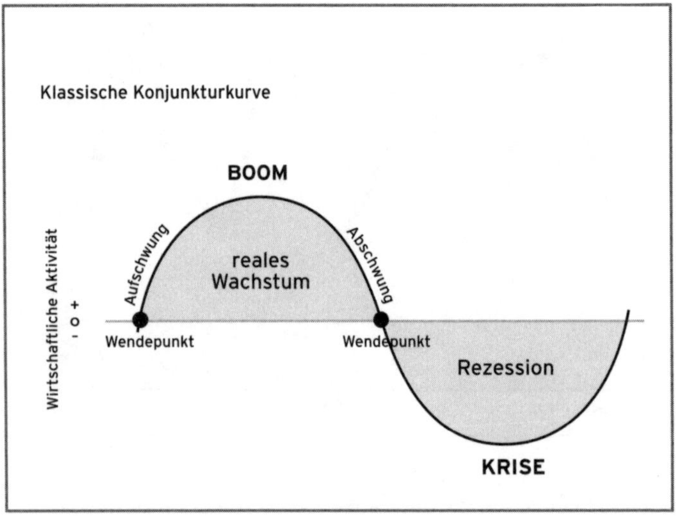

2. Die Phase der *Hochkonjunktur/Boom*
- Erste Engpässe in den verschiedenen Industrien werden erkennbar.

- Die Unternehmen investieren in großem Umfang.
- Der Arbeitsmarkt trocknet aus.
- Die Preise erhöhen sich zunehmend.
- Die Notenbanken erhöhen die Zinsen zur Dämpfung der Konjunktur.

3. Die Phase des *Abschwungs*
- Die wirtschaftliche Aktivität geht zurück.
- Die Nachfrage, die Produktion, die Investitionen, die Gewinne und die Beschäftigung sinken.
- Die Notenbanken senken die Zinsen, um die Konjunktur anzukurbeln.

4. Die Phase der *Rezession*
- Das Konjunkturwachstum sinkt unter null Prozent, was nicht zwingend in jedem Abschwung erfolgen muss.
- Das BIP schrumpft.
  (In den USA spricht man schon nach zwei aufeinanderfolgenden Quartalen mit negativem Wachstum gegenüber der Vorperiode von einer Rezession, in Europa erst nach einem ganzen Jahr.)
- Den tiefsten Punkt nennt man *Krise.*

Die konjunkturellen Schwankungen äußern sich unter anderem in der psychologischen Einstellung der Unternehmer. Im *Aufschwung* sind sie optimistisch. Sie rechnen jetzt mit einer Steigerung der Nachfrage und dehnen daher die Produktion und die Investitionen aus. Infolgedessen nimmt die Beschäftigung zu. Die Auslastung der Maschinen steigt, Löhne und Preise steigen, und es herrscht *inflationäre Tendenz*, das heißt, die Preise werden aufgebläht. Man nennt diese Phase *Boom.*

Anders in der *Abschwungphase*. Hier bewirkt der Pessimismus der Unternehmer, dass die Produktion zurückgeht. Die

Beschäftigung nimmt ab, Maschinen stehen still, womit die Kapazitätsauslastung natürlich sinkt, und das ist immer ein Zeichen einer abflachenden Konjunkturkurve. Arbeitskräfte werden entlassen, Löhne sinken, der Absatz geht zurück, die Unternehmer senken nun die Preise auf Kosten ihrer Gewinnmargen, um überhaupt noch verkaufen zu können. In einem fortgeschrittenen Stadium der Absatzschwäche und der Arbeitslosigkeit kann *Deflation* entstehen, das heißt, die Preise sinken. Diese Phasen kommen zum Glück relativ selten vor. Sie sind gefährlich für eine Volkswirtschaft. Ein aktuelles Beispiel liefert Japan.

Auch bei den Finanzinstituten und Banken spiegelt sich die desolate Lage der Wirtschaft. Kredite werden nicht mehr nachgefragt, weil bei den schlechten Zukunftsaussichten niemand mehr zu investieren und zu konsumieren wagt – und damit stauen sich die Gelder. Der eigentliche Prozess der Konjunktur ist somit auch psychologisch bedingt; gleichgerichtetes Verhalten von Unternehmern und Konsumenten, wobei die konjunkturelle Tendenz sich selbst steigert und eine Eigendynamik entwickelt. Den konjunkturellen Umschwung können unterschiedliche Faktoren auslösen: Erfindungen, die neue technologische Entwicklungen einleiten (siehe Grafik Kondratieff: ›Wirtschaftszyklen‹), Geldschöpfung durch die Notenbankpresse, soziale Umwälzungen, Krieg etc.

Die Phase der *Stagnation* bedeutet hingegen Stillstand der Wirtschaftsentwicklung, die weder deutlich nach oben noch nach unten zeigt und Gefahr läuft, in eine Rezession abzugleiten, bevor ein neuer Aufschwung einsetzt. Schließlich ist es aber auch möglich, dass Elemente des Aufschwungs (zum Beispiel Inflation) und Elemente des Abschwungs (zum Beispiel Arbeitslosigkeit) gleichzeitig auftreten. So können etwa inflationäre Preissteigerungen bei gleichzeitiger Drosselung des Wirtschaftstempos und sinkender Auslastung der Produktionskapazitäten – unter anderem der Maschinen und industriellen Anlagen – parallel gehen. Eine solche Konjunktursituation nennt man *Stagflation.*

Mit der goldenen Zeit des Aufschwungs ist es nun vorbei! Als Beispiel aus der Praxis führen Sie sich einfach die siebziger Jahre vor Augen, als sich im Gefolge der Erdölkrise anhaltend steigende Inflationsraten mit schwachem Wirtschaftswachstum paarten. Flugs wurde damals aus dem Zusammenzug von Stagnation und Inflation der Terminus Stagflation geprägt, der noch heute zum Standardrepertoire konjunktureller Begriffe gehört.

Natürlich ist es das Ziel einer jeden Regierung, den Wohlstand für alle zu sichern und möglich zu machen. In Phasen eines Abschwungs oder einer konjunkturellen Krise geschieht jedoch das Gegenteil. Deshalb versuchen die Regierungen in schwierigen wirtschaftlichen Zeiten, den Konjunkturabschwung durch konjunkturelle Ankurbelungsprogramme (zum Beispiel Autobahn- und Straßenbau) oder Steuersenkungen (wie sie Präsident Bush gleich zu Beginn seiner Amtsperiode im Jahre 2001 vorgenommen hat) aufzufangen.

In der Zeitung wird dieser Vorgang möglicherweise mit dem Begriff »Fiskalpolitische Expansionsmaßnahmen« umschrieben. Die *Notenbanken* werden diesen Prozess ihrerseits durch geeignete geldpolitische Aktionen – Erhöhung der Geldmenge, die sie den Geschäftsbanken zur Verfügung stellen – flankierend begleiten. Sie lesen dann vielleicht die Schlagzeile »Notenbank zielt auf monetäre Nachfragestimulierung« – allerdings tut sie das in Europa (Europäische Zentralbank und Schweizerische Nationalbank) nur, wenn sie ihren Hauptauftrag, die *Erhaltung der Preisstabilität*, dadurch nicht gefährdet sieht. Der Auftrag der amerikanischen Notenbank Federal Reserve ist breiter formuliert und umfasst auch das Ziel eines möglichst gleichmäßig laufenden Konjunkturmotors.

Die Verantwortung dafür, dass weder inflationäre noch deflationäre Szenarien in der Wirtschaft entstehen, trägt in allen Ländern der Welt die jeweilige Zentralbank, gewöhnlich Notenbank genannt. Im Euroland ist das die Europäische Zentralbank (EZB), in der Schweiz die Schweizerische Nationalbank (SNB) und in den USA das Federal Reserve Board (FED).

In diesen Ländern haben die Notenbanken weitgehende Unabhängigkeit von der Regierung erlangt. Konkret wollen sie mit der Steuerung des Geldangebots Impulse geben, die das Verhalten der Unternehmen und Konsumenten beeinflussen. *Das Ziel – eine Fortsetzung des Wirtschaftswachstums ohne Gefährdung der Preisstabilität zu garantieren – gilt allen Notenbanken westlicher Industriestaaten als außerordentlich große Herausforderung*.

Als Kanal zur Erreichung dieses Ziels benutzt die Notenbank die Versorgung der Wirtschaft mit Liquidität, sprich: Geld. Je nach Wirtschaftslage *kaufen* oder *verkaufen* die Notenbanken *Wertschriften*. Mit dem Kauf erhöhen sie die Liquidität im Markt und *senken* damit das *Zinsniveau*, durch den Verkauf von Wertpapieren entziehen sie dem Markt Liquidität und *erhöhen* dadurch die Zinsen. Dabei wird es als große Kunst angesehen, das Volumen des der Wirtschaft zur Verfügung gestellten Geldkleides so zu bemessen, dass weder Inflations- noch Rezessionsrisiken entstehen. Dieser Prozess wird in den Zeitungen oft mit dem Terminus »Gratwanderung der Notenbanken« umschrieben.

Die Inflation und die Deflation

Mit diesen Begriffen wird generell die Relation von Geld zur Waren- und Gütermenge umrissen.

In der Praxis führt die Inflation tendenziell dazu, dass die Konsumenten zwar Geld haben, aber das Warenangebot zur Befriedigung der Kauflust nicht ausreicht. Die Vorräte der Läden sind knapp, die Lieferzeiten lang, die Preise steigen, und der Konsument ist der Leidtragende. Er bekommt weniger für sein Geld.

Unter *Inflation* oder *Teuerung* wird eine Erhöhung des allgemeinen Preisniveaus verstanden. Sie entsteht zum Beispiel infolge einer Vergrößerung des Geldeinkommens der Volkswirtschaft. Der Geldkreislauf verbreitert sich, ohne dass die Gütermenge eine entsprechende Veränderung findet. Anhaltende Teuerungstendenz bedeutet, dass der Geldwert sich vermindert.

Inflation oder Teuerung entsteht nach der klassischen Lehre meistens in der Phase des Konjunkturaufschwungs, der mit steigender Nachfrage nach den verschiedenen Gütern einhergeht. Damit die Produktion erhöht werden kann, machen die Unternehmer ihrer Konkurrenz die Arbeitskräfte streitig, indem sie höhere Löhne bieten. Die höchsten Löhne können immer die produktivsten Wirtschaftszweige zahlen. Wollen die übrigen Branchen ihre Arbeitskräfte behalten, müssen sie ihre Löhne ebenfalls erhöhen, auch wenn überhaupt keine Produktionssteigerung dahinter steht. Das allgemeine Lohnniveau steigt nun stärker als die *Produktivität*, womit der Produktionsausstoß pro Kopf gemeint ist. In der Industrie nimmt die Kreditvergabe und damit die Beanspruchung des Kapitalmarktes durch die Unternehmen zu. Die verstärkte Nachfrage der Industrie nach Krediten

Inflation - Deflation
bezieht sich auf die Relation zwischen Geld- und Warenangebot

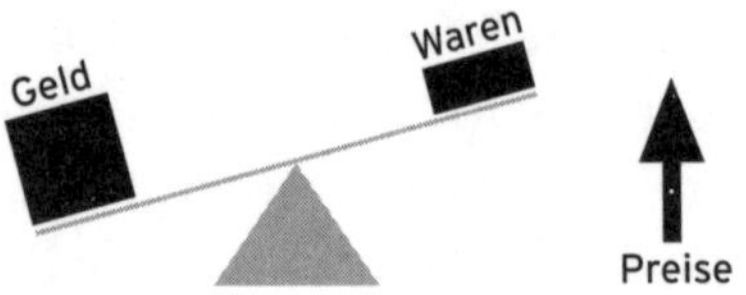

Inflation:
- Geldüberhang
- Die Nachfrage steigt schneller als das Angebot.
- Die Preise steigen, d. h. Rückgang des Geldwertes.
- Geldwert sinkt bei gleichzeitiger Abwertung der Schulden.

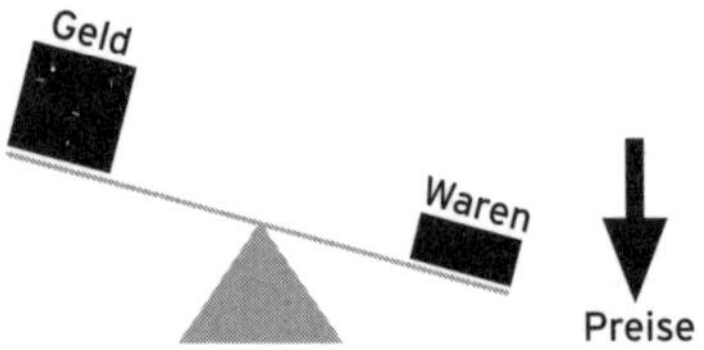

Deflation:
- Überschuss an Produktionskapazität
- Produktion übersteigt Nachfrage.
- Die Preise werden auf Kosten der Produzenten gesenkt, das heißt für die Unternehmen: sinkende Gewinnmargen und Freistellung von Arbeitnehmern, für die Bevölkerung: sinkende Kaufkraft und Konsumnachfrage.
- Geldwert steigt bei gleichzeitiger Aufwertung von Schulden.

führt zu einer Verknappung des Geldes. Die Wirtschaft befindet sich nun mitten in einem Prozess der steigenden Teuerung und Inflationserwartung.

Bei steigender Inflationsgefahr erhöhen die Notenbanken die kurzfristigen Zinsen, um die Konjunktur zu dämpfen. Die Zentralbanken orientieren sich dabei an der Preissteigerungsrate, die mit einem repräsentativen Warenkorb monatlich gemessen und im *Konsumentenpreisindex* reflektiert wird. Dieser Korb enthält unter anderem Energiepreise, Mieten,

Lebensmittel sowie Preise für verschiedene, viel gekaufte Textilien.

In diesem Prozess dreht sich die Lohn-Preis-Spirale abwärts. Eine Deflation schadet den Schuldnern, weil ihre Schuldenlast im Verhältnis zum sinkenden Einkommen- und Vermögenswert immer schwerer wiegt. Das Bruttosozialprodukt kann in einer Deflation leicht um zweistellige Prozentzahlen schrumpfen.

In der Deflation wachsen die Warenlager, denn der Bevölkerung fehlt es an Kaufkraft. Deflation ist eng mit Depression verbunden. Beide bezeichnen einen Zustand, in dem die Konsumenten aus lauter Angst vor der Zukunft ihre Käufe auf später verschieben und die Unternehmen damit zwingen, mangels Nachfrage Leute zu entlassen. Das schürt wiederum die Zukunftsangst.

Zwischen 1929 und 1932 ging der Index der industriellen Produktion in den USA von 100 auf 62 Prozent zurück. Die Preise sanken mit Jahresraten von rund zehn Prozent. 25 Prozent der Werktätigen waren damals ohne Arbeit. In Deutschland waren es sogar 40 Prozent. In dieser deflatorischen Wirtschaftslage wurden massenweise Schuldner und Unternehmen zahlungsunfähig.

Eine sich akzentuierende Wirtschaftsabschwächung bei gleichzeitiger Dämpfung der Teuerung wird die Notenbank zu einer Abkehr von der Inflationsbekämpfung veranlassen. Sie wird ihre Aufmerksamkeit auf das *Ankurbeln der Wirtschaft* richten, und das bedeutet, dass sie die Zügel lockert, *indem sie die Geldmenge erhöht und damit die Zinsen senkt.*

Die Industrieproduktion läuft über das Medium »Geld«. Stellt die Notenbank mehr Geld zur Ver-

fügung, als eine Wirtschaft braucht, dann entsteht ein inflatorisches Szenario. Stellt sie ihr hingegen zu wenig Geld zur Verfügung, verlangsamt sich das Wirtschaftstempo. Wird der Geldhahn in dieser Phase nicht früh genug aufgedreht, schrumpft die Wirtschaft und wird von deflatorischen Risiken bedroht.

Die Notenbank muss so viel Geld zur Verfügung stellen, dass die Finanzierung zukünftiger Leistungen der Industrie unter Wahrung stabiler Preisentwicklung möglich ist. In den meisten Ländern versuchen die Notenbanken, mit der Orientierung an einem Geldmengenziel die Geldmenge im Gleichklang mit dem Wirtschaftspotenzial eines Landes zu erhöhen.

Mit der Erhöhung beziehungsweise Senkung der Zinsen nehmen die Notenbanken direkt Einfluss auf das *kurze Ende*, den Geldmarkt also. Die Zeitungen kommentieren die geldpolitischen Aktionen etwa mit Termini wie „restriktive Politik des knappen Geldes« (»Anziehen der Geldzügel« über Zinserhöhung durch die Notenbank) oder „expansive Politik« (Aufdrehen des Geldhahns im Hinblick auf großzügigere, billigere Versorgung der Wirtschaft mit Liquidität).

Nun aber Schluss mit den grauen Theorien. Ich hoffe, dass Sie mir mit diesem Exkurs in die Welt der Konjunktur gefolgt sind, denn ohne Fleiß ist an den Märkten heute kaum mehr Gewinn zu machen. Aber Vorsicht! Zwischen der Kenntnis des Tagesgeschehens und der Reaktion der Börse liegen manchmal Welten. Ein großer Einflussfaktor ist und bleibt nämlich die Psychologie. Die richtigen Entscheidungen zu treffen, hat so gesehen oft nur mit dem Instinkt zu tun.

Wer gut essen will, kauft Aktien

– es fehlt an Geld – Nun gut, so schafft es denn!
Faust zu Mephisto in Goethes Faust II

Getreu dieser Maxime kann es sich der kluge und gut beratene Aktienanleger aus langfristiger Perspektive sogar leisten, zu schlemmen. Wer einen Blick hinter die Kulissen wirft, erkennt schnell, dass sich die Aktie als Vermögensbildungsinstrument im zurückliegenden Jahrhundert international steigender Beliebtheit erfreute. Warum das so war? Warum die Aktie von Anlagestrategen im Vergleich zur Obligation als das attraktivere Instrument angesehen wurde? Die Antwort ist einfach und leicht zu verstehen: Die Aktie schneidet unter dem Aspekt der Rendite über Jahrzehnte mit einem mehr oder weniger doppelt so hohen Ergebnis einfach besser ab. Retrospektive Renditenvergleiche zwischen Aktien und Obligationen zeigen, dass die Erträge der Aktien inklusive Dividenden in den letzten vierzig Jahren in den verschiedenen Ländern zwischen 8,5 und 12,5 Prozent lagen, während sie bei den Obligationen inklusive Zinsen nur rund die Hälfte, nämlich zwischen 4,5 und 9,5 Prozent ausmachten.

Wenn Sie nun aber glauben, dass man sich jede beliebige Aktie einfach kaufen, hinlegen und auf den Gewinn warten kann, dann haben Sie sich getäuscht. Man muss bei der Anlageentscheidung sehr differenziert vorgehen. Dazu gehören die richtige Einschätzung des Branchenumfeldes, das

– leider – in immer schnellerem Rhythmus wechselt, die Kenntnis der unternehmerischen Programme und vor allem das Wissen um die Meinung der Finanzanalysten, die über viele Jahre Märkte und spezifische Aktienkursentwicklungen prägten. Aber damit ist es nicht getan, denn neben dem *unternehmensspezifischem Risiko* gibt es ein zweites, nicht minder gewichtiges Risiko – das *Marktrisiko*. Auch an den Aktienmärkten – wie an anderen Märkten, die hier bereits beschrieben wurden – bestimmten das tägliche Angebot und die Nachfrage nach Titeln deren Kurstendenz. *Politische oder konjunkturelle Risiken beeinflussen die Preise negativ.*

Es hat in der Geschichte des internationalen Börsenhandels immer wieder Perioden gegeben, in denen Konjunktur- und Zinsentwicklung die *Performance* der Börsen oder zumindest gewisser Branchen und Unternehmen negativ beeinflusste. Das wird auch in der Zukunft so bleiben. Die Tatsache, dass viele Lehren und Grundsätze, die unsere Väter uns mitgegeben haben, heute nicht mehr anzuwenden sind, liegt angesichts des immer schneller voranschreitenden technologischen Wandels und der Liberalisierung der weltweiten Märkte auf der Hand.

Besonders betroffen davon ist im Hinblick auf die Börse ein entscheidender Einflussfaktor: die Information. Ihre multimediale und digitale Verbreitung bildet die Grundlage dafür, dass eine rasant wachsende Zahl von Teilnehmern auf der ganzen Welt die für die Marktentwicklung wichtigsten Ereignisse zeitgleich und brandneu erfährt. Der Einstieg ins Internet macht's möglich, aber nicht nur das. Das Internet macht auch die Manipulation der Masse möglich. Kurstreibende Gerüchte und Informationen können schneller und anonymer als früher an die Akteure rund um den Erdball geschickt werden. Die Manipulanten decken sich natürlich vor der Veröffentlichung nicht unbedingt der Wahrheit entsprechenden News mit Aktien ein. Wenn das Gerücht sich wie ein Lauffeuer verbreitet und seine Wirkung getan hat, verkaufen sie mit großem Gewinn. Erlaubt sind solche unsauberen Geschäfte keineswegs, sie sind sogar gesetzlich verboten. Aber in der Welt des Cyberspace sind Täter außerordentlich schwer zu orten.

Der ständige Zugang zur Information, die Transparenz der internationalen Geschehnisse, die Vereinfachung und Verkürzung der Transaktionen, mit der beträchtliche Kostenreduktionen für die Anleger verbunden sind, haben gewiss große Vorteile. Aber sie haben neben dem oben genannten Nachteil der Fehlinformation und der Möglichkeit zur Manipulation auch den Nachteil, dass *Volatilitäten – Kurschwankungen* – in den letzten Jahren zeitweise gestiegen sind. So sehr sich auch das Umfeld der Börsen und Märkte geändert haben mag, die entscheidenden Charakteristika der Aktie als Kapitalbeschaffungsinstrument der Wirtschaft und als Anlageinstrument sind seit Urzeiten die gleichen geblieben. Deshalb lohnt es sich, wenn ich Ihnen heute aus der Erinnerung erzähle, wie mich mein Vater in den siebziger Jahren in diesen mir damals als Buch mit sieben Siegeln erscheinenden Sektor eingewiesen hat.

Ich war in dieser Zeit nach langen Jahren wieder zurück zu meinen in der Schweiz lebenden Eltern gekommen. Angesichts streng kontingentierter Ausländerquoten erhielt ich als Deutsche von den Schweizer Behörden viele Monate lang keine Arbeitsgenehmigung. Meinem Vater war diese Situation zwar nicht willkommen, aber er nutzte die Gelegenheit, meiner Freizeit einen sehr praktischen Inhalt zu geben und mich höchst persönlich in die ihm wichtig erscheinende Welt der Kapitalanlage einzuführen. Wir trafen uns zwischen Herbst 1975 und Frühling 1976 regelmäßig entweder in seiner Wohnung hoch über dem Zuger See oder aber an seinem Zürcher Lieblingsplatz, der Lobby des Hotels »Baur au Lac«.

Was ist eine Aktie?

Als ich an einem Oktobertag bei ihm zu Hause in Zug klingelte, hatte ich wie üblich Verspätung. Besonders scharf war ich damals noch nicht auf die Erweiterung meines Wissens um die Kunst der Kapitalanlage. Frau Nadler, die Haushälterin, schüttelte ihr ergrautes Haupt: »Aber Fleur, wo bleiben Sie denn? Nun wartet er schon eine halbe Stunde mit dem Kaffee.« Mein Vater war Kummer in dieser Beziehung gewohnt. Er umarmte mich, legte sich und mir ein dickes Stück seiner geliebten Sandtorte von Lindt & Sprüngli auf den Teller, schob seine handschriftlich verfassten Manuskripte für den New Yorker *Interfinanzbrief* auf dem Tisch beiseite und sah mich ernst, aber freundlich an. »Es ist jetzt gleich vier Uhr«, sagte er mit einem kleinen Vorwurf in der Stimme. »Du weißt, dass wir heute noch einen Bericht über die Vormittagspräsentation der Deutschen Bank verfassen wollen?!«

Ich zeigte Schuldbewusstsein, murmelte eine Rechtfertigung und zückte den Stift, um Notizen zu machen. Während ich seine druckreif diktierten Kommentare zu den Geschäften des führenden deutschen Finanzinstituts und die daraus folgende Börsenprognose mitschrieb, ging mir eine wesentliche Frage durch den Kopf. Stellen durfte ich sie allerdings erst eine halbe Stunde später, als mein Vater befriedigt die Worte sprach, mit denen er das Ende eines Berichtes zu signalisieren pflegte: »Das wär's. Das muss schnellstens in die Maschine – und dann morgen per Telex weg damit nach New York.«

»Gut«, antwortete ich. »Aber sag mal, Paps«, und jetzt kam die brennende Frage, »warum ist die Deutsche Bank eigentlich an die Börse gegangen? Oder besser gefragt: Was sind die auslösenden Gründe dafür, dass ein florierendes

Unternehmen überhaupt an die Börse gehen möchte? Wie geschieht das eigentlich? Und was bedeutet es, eine Aktie zu besitzen?«

Ein erstaunter Blick traf mich, dann legte er die Stirn in nachdenkliche Falten und begann zu räsonieren: »Nimm mal an: Du und ich, wir beide wollen eine Firma gründen. Sie soll möglicherweise den Zweck der Verbreitung aktueller Privatinformationen haben, egal, jedes Unternehmen, das neu gegründet wird oder wachsen will, braucht natürlich Geld. Es muss ein Büro oder aber eine ganze Liegenschaft gemietet, gebaut oder gekauft werden. Wir müssen Mitarbeiter einstellen, und das ganze technische Equipment – Telex-, Schreib- und Druckmaschinen – muss angeschafft werden. Bevor wir also wirklich mit unserer Geschäftstätigkeit beginnen können, müssen insgesamt vielfältige Investitionen getätigt werden. Das Kapital dazu kann natürlich als Kredit von einer Bank bereitgestellt werden. Dann stellt es Fremdkapital dar. Oft wird es aber auch als Eigenkapital von einem kleinen Kreis von Gründeraktionären aufgebracht, der sich zum Beispiel aus Familienmitgliedern zusammensetzt.«

Mein Vater machte, wie üblich, wenn es ihm zu kompliziert zu werden schien, eine Pause, nahm einen Schluck Kaffee zur Stärkung und fuhr fort: »Vor Aufnahme der Geschäftstätigkeit ist also die Bereitstellung von Geld für ein Unternehmen erforderlich. Bei der Gründung beteiligen sich zumeist mehrere Personen, die die Finanzierung für die zu errichtende Gesellschaft sicherstellen. Dieser Vorgang endet mit der *Zeichnung*, womit die Anmeldung zur Beteiligung an einer Firma oder zum Kauf eines neu aufgelegten Wertpapiers gemeint ist. Nicht immer allerdings reicht das Geld der Gründeraktionäre so weit, dass zu jeder Zeit und in beliebigem Umfang Investitionen vorgenommen werden können.

Wenn wir beide mit großem Erfolg Umsatzsteigerungen

mit unserer Publikation im Heimatland erzielt haben, wollen wir vielleicht an unseren Privatinformationsdienst andere Geschäfte anhängen. Wir gründen dafür die ›Fleur Versandbuchhandlung‹, oder wir möchten im Ausland weitere Marktanteile gewinnen. Vielleicht müssten wir dann dort ein anderes Unternehmen dieser Branche kaufen, weil es die einfachste und billigste Art ist, neue Kunden hinzuzugewinnen. Dafür brauchen wir zusätzliches Kapital. Wenn wir nicht die vergleichsweise recht teuren Bankkredite in Anspruch nehmen wollen, gibt es zwei andere Möglichkeiten: entweder den Gang an den Kapitalmarkt über die Ausgabe von Wertpapieren, das heißt *Emissionen* von Anleihen oder aber die Erweiterung des ursprünglichen Aktionärskreises. In diesem Fall spricht man von einem *Going-public* oder einer *Publikumsöffnung*. Damit ruft eine Firma ein außerhalb des Gründerkreises stehendes Publikum über die Börse zur Bereitstellung von Kapital auf.«

Das Going-public

Dass die meisten Going-public-Aktionen in Deutschland und der Schweiz dem Erstzeichner schöne Gewinne eingebracht haben, ist bekannt. Mein Vater verwies im Zuge seiner Erklärungen auf die 1962 herausgegebene Mikron-Aktie. Sie sei vom Ausgabepreis von 2020 Schweizer Franken sofort auf 3500 gesprungen.

Gespannt hatte ich den Worten meines Vaters zugehört. Genaues Rechnen war zwar nie meine Stärke gewesen, aber an dieser Stelle stutzte ich – und begriff blitzartig, dass er in vollem Ernst über eine Kursexplosion von mehr als siebzig Prozent in wenigen Stunden sprach! Da schien es mir überfällig, seinen Redefluss zu unterbrechen: »Machst du Witze?

Was passiert, wenn ich mitmachen möchte? Kann das überhaupt jeder? Und wie erfahre ich von diesen spannenden Beteiligungsmöglichkeiten an der Börse?«

Mein Vater amüsierte sich über meinen erwachenden Wissensdurst: »Immer schön der Reihe nach! Natürlich kann jeder den Versuch unternehmen, sich ein paar Stücke eines interessanten, neu an die Börse kommenden Papiers zu sichern«, antwortete er. »Du kannst dich darüber im Börsenteil jeder Wirtschaftszeitung laufend informieren. Oder deine Hausbank fragen, welche neuen Titel zur Zeichnung aufliegen. Aber leider ist es so wie immer im Leben: Die schönsten Früchte, die man am liebsten einsammeln möchte, hängen fast unerreichbar weit oben. Attraktive Beteiligungen, die zur Zeichnung bei den Banken aufliegen, werden oft zigfach überzeichnet.«

RAT

Wenn man Kundin einer Großbank ist und in der Zeitung liest, dass eine Aktie unter der Federführung einer anderen Bank neu an die Börse kommt, ist es aussichtslos, seine Hausbank um eine Zeichnung zu bitten, es sei denn, die Börsenstimmung ist miserabel.
Falls die eigene Bank Federführerin einer solchen Emission ist, kommt eine eventuelle Zuteilung fast einem »Geschenk« gleich.

Jahrzehnte später lohnte es sich in vielen Fällen immer noch, als Anleger bei einer Zeichnung mitzumachen. Sie werden sich vielleicht erinnern, dass zum Beispiel die Aktie der Infineon, einer Tochter der Siemens AG, nach ihrem Emissionskurs von 35 Euro bei Einführung an der Börse sofort mit 75 Euro gehandelt wurde.

»Wichtig ist«, fuhr mein Vater fort, »die professionelle Vorbereitung einer Börsenemission – sowohl durch die beteiligten Banken als auch seitens des Managements der Firmen selbst. Letzteres muss sich über die gravierenden Unterschiede zwischen einer privaten Gesellschaft und einem Unternehmen, das sich für das ›Going-public‹ entscheidet, im Klaren sein. Die Manager sind jetzt nicht mehr nur sich selbst gegenüber verantwortlich, sondern allen neu zu Aktionären gewordenen Kapitalgebern. Deshalb muss die Geschäftsleitung bereit sein, gewisse Abstriche bei der Führung des Unternehmens hinzunehmen, denn die hinzutretenden Aktionäre sind nicht nur einfach Kapitalgeber – sie werden auch ihre Rechte wahrnehmen wollen. Der Börsengang einer Gesellschaft erzwingt nach dem Gesetz im Vergleich zu einer im Besitz weniger Aktionäre befindlichen Gesellschaft umfassendere Informationspflichten und damit größere Transparenz. Was im kleinen Kreis von heute auf morgen realisierbar war, ist für ein börsennotiertes Unternehmen zweifellos umständlicher zu bewerkstelligen.

Ein großes Problem stellt die Preisgestaltung dar. Die zum Teil enormen Unterschiede zwischen dem Platzierungspreis und dem ersten Börsenkurs legen Zeugnis darüber ab. Soll man auf den *Ertragswert*, also den Gewinn eines Unternehmens, abstellen? Oder auf den *Substanzwert*, der die Liegenschaften, Maschinen, Finanzanlagen und sonstige Werte einschließt? Oder auf eine Mischformel? Hier muss vor allem auch die Hausbank, die das Going-public als so genannte Federführererin mit mehreren Banken begleitet, mit Rat und Tat zur Seite stehen und analysieren, was bei den Anlegern als Zeichnung durchgesetzt werden kann …«

»Ja, richtig«, warf ich ein, »die Anleger! Das interessiert mich: Wird man durch …« Ich dachte angestrengt nach: »Wie heißt es noch, wenn die Bank dich bei einer Publikumsöffnung berücksichtigt? Werde ich dadurch oder durch Kauf einer Aktie an der Börse automatisch Aktionärin?«

»Zuteilung«, half mein Vater nach. »In dem Moment, in dem deine Bank dir einige Stücke zugeteilt hat, benachrichtigt sie dich darüber, damit du die entsprechende Summe anweist. Wenn dein Geld für eine Aktie überwiesen ist, wird deine Bank dich dieser Gesellschaft bekannt machen. Unter gewissen Umständen kann die Gesellschaft dich als Aktionärin ablehnen. Dann wird sie dich nicht in ihr Aktienbuch eintragen, weil sie fürchtet, dass du eventuell als Räuber auftrittst und eine ›unfreundliche Übernahme‹ eines großen Pakets ihrer Aktien vorbereitest. Das wird einem normal Sterblichen, wie wir beide es sind, aber kaum passieren.«

Er lächelte und wurde dann wieder ganz ernst: »Einmal ins Aktienbuch eingetragen, bist du also *Aktionärin*. Und das heißt: Du bist *Mitbesitzerin eines Unternehmens* geworden. Je nachdem wie hoch die Anzahl der von dir gekauften Stücke – die Börsianer sagen *Titel* – in Proportion zu den insgesamt umlaufenden Titeln einer Aktiengesellschaft ist, bist du dann prozentual höher oder niedriger an diesem Unternehmen und damit in größerem oder kleinerem Umfang an den Erfolgen und Risiken seiner Geschäfte beteiligt.«

Im Unterschied zur Anleihe stellt die Aktie kein Gläubigerrecht – also kein Recht auf Zins- und Rückzahlung eines vorausbestimmten Wertes – dar, sondern ein Anteilsrecht.

»Als Aktionärin bist du deshalb nicht nur den Chancen, sondern – mehr als eine Obligationärin – den Risiken des Geschäftsganges deiner Gesellschaft ausgesetzt. Denn –«, und darauf machte mich mein Vater so leise aufmerksam, dass ich sofort merkte, wie er unter diesem Tatbestand schon selber gelitten hatte – »ein viel versprechender Start bedeutet noch lange nicht sicheren Erfolg für alle Zeiten: Jedes an der Börse notierte Unternehmen wird für schlechte Geschäftsnachrichten mit rückläufigen Kursen bestraft. Und einige Gesellschaften haben sogar mit Totalverlust geendet!«

Welche Aktienkategorien gibt es?

Das Aktienkapital kann in verschiedene Typen aufgeteilt sein, die der Gesellschaft und den Aktionären unterschiedliche Rechte gewähren. Man nennt die Gesamtheit der Aktienkategorien die *Kapitalstruktur* einer Aktiengesellschaft. Sie kann folgendermaßen aufgegliedert sein:

1. Stamm- und Vorzugsaktien als *Namensaktien:* Sie werden in der Regel auf den Namen der Aktionärin in das Register der Gesellschaft eingetragen. Damit erhält die Unternehmensführung Transparenz in der Aktionärstruktur, wobei Übernahmeversuche früher erkennbar werden.
2. Stamm- und Vorzugsaktien als *Inhaberaktien:* Der Name des jeweiligen Inhabers erscheint nicht im Aktienregister der Gesellschaft. Der elektronische Eintrag trägt den Hinweis »Inhaber« und ist nummernmäßig registriert. Aus Gründen der Anonymitätswahrung werden Inhaberaktien zuweilen gegenüber Namenspapieren bevorzugt.

Vorzugsaktien zahlen meistens mehr Dividende als Stammaktien, haben dafür aber kein Stimmrecht. Schweizer Unternehmen bringen Stücke, die kein Stimmrecht beinhalten, unter der Bezeichnung *PS (Partizipationsscheine)* an die Börse. Die rechtliche Stellung ist in Deutschland und der Schweiz die gleiche: Vorzugsaktien, PS oder *GS (Genussscheine)* gewähren dem Aktionär kein Stimmrecht, aber sie beteiligen ihn am Erfolg und Risiko *(Dividende/Kursperformance)* der Firma.

Heute haben die europäischen Aktiengesellschaften im

Aktien Deutschland	Eigenschaften
Stammaktien	Inhaber- oder Namenspapier, stimmberechtigt
Vorzugsaktien	Inhaber- oder Namenspapier, nicht stimmberechtigt, aber Beteiligung am Erfolg und Risiko der Gesellschaft.
GS (Genussscheine)	Kein Stimmrecht, aber Beteiligung am Erfolg und Risiko der Gesellschaft.

Aktien Schweiz	Eigenschaften
Inhaberaktien	Anonymes Papier, stimmberechtigt
Namenspapier	Namenspapier, bevorzugt stimmberechtigt, zum Beispiel für einen kleineren Nominalwert. Gleiche Stimmberechtigung wie Inhaberaktien.
PS (Partizipationsscheine)	Kein Stimmrecht, sonst gleiches Risiko und gleiche Gewinnbeteiligung.

Zuge der rechtlichen Harmonisierung die Vereinheitlichung ihrer Aktienkapitalstruktur beschlossen. Das bedeutet, dass die oben beschriebenen Formen, in die früher die Kapitalstruktur eines Aktientitels aufgeteilt werden konnte, verschwinden werden. Der Trend geht dahin, dass die Vorzugsaktien in Stämme getauscht werden. Die Einheitsaktie führt auch zu einer einfacheren und transparenteren Kapitalstruktur, wobei die Unternehmen die Namensaktien bevorzugen, weil sie ihre Aktionäre kennen wollen. Die Namensaktien erlauben es, ständig direkten Kontakt mit ihnen zu halten. Auch in der Schweiz sind die Aktiengesellschaften auf dem Weg zur Einheitsaktie fortgeschritten.

Die Einheitsaktie ist für Investoren deshalb attraktiv, weil die Zusammenführung von zwei oder drei Titelkategorien – jede von ihnen wird an der Börse ja zu unterschiedlichen Kursen gehandelt – in eine einzige den Vorteil eines größeren und liquideren Marktes hat. Für die negative Entwicklung der Aktienmärkte im Jahre 2000/2001 war unter anderem die Tatsache verantwortlich, dass viele Titel zu wenig Liquidität aufwiesen. Die Käufer waren in den Streik getreten – mit der Folge, dass es zu Problemen kam. Wollte man etwa eine Aktie bestens – also ohne *Verkaufslimit* zu einem vorgezeichneten Preis – verkaufen, dann musste man aus Gründen der fehlenden Partei auf der Käuferseite teilweise Kurseinbußen von zehn Prozent und mehr im Vergleich zu den vorher bezahlten Kursen hinnehmen. Als Folge der Einheitsaktie verbessert sich die Marktgängigkeit beziehungsweise die Liquidität eines Titels.

Liquidität bedeutet, dass zahlreiche Aktien desselben Titels pro Tag gehandelt werden. Dieser Tatbestand hat herausragende Bedeutung für die Frage, ob eine Aktienposition ohne größere Preisausschläge nach oben oder unten ge- oder verkauft werden kann.

Der Stückpreis ist bei liquiden Titeln in der Regel nicht hoch, so dass auch Kleinanleger in der Lage sind, in sie zu investieren. *Je höher die Liquidität, das heißt, je mehr Titel derselben Aktienkategorie einer Gesellschaft ausstehen, desto niedriger ist die Differenz zwischen den Kursen der zum Verkauf angebotenen Aktien (Briefkurs) und der zum Kauf gesuchten Aktien (Geldkurs), also die Handelsspanne (Kursspanne zwischen An- und Verkauf).*

RAT

Prüfen Sie vor dem Kauf einer Aktie, wie hoch die täglich gehandelte Stückzahl ist. Titel, die nur ein Volumen von einigen Dutzend oder mehreren hundert Stück haben, sind nicht empfehlenswert für Engagements.

Die drei Ertragsquellen der Aktie: Kursgewinn, Dividende, Bezugsrecht

Klar – jeder Aktienbesitzer hat das Ziel, die Ersparnisse, die er an der Börse investiert, durch Kursgewinne zu vermehren. Denn das Salz in der Suppe für Aktionäre ist nicht die Dividende, sondern die *Kurssteigerung*. Letztere präsentiert im Gegensatz zur Dividendenausschüttung, auf deren Betrag Sie Einkommenssteuern zahlen müssen, steuerfreien Kapitalgewinn. Wie wir wissen, kann der Geschäftsgang der Gesellschaft positiv oder auch negativ verlaufen. Würde zum Beispiel die BASF sinkenden Umsatz und schrumpfende Gewinne verzeichnen, dann wäre das unter Umständen mit einem *Dividendenausfall* und *sinkendem Börsenkurs* verbunden. Die Kunst der Börsenspekulation besteht nun darin, die künftigen Kursentwicklungen vorauszusehen. Aber an der Börse wird weder zum Kauf noch zum Verkauf geklingelt.

Dabei ist heute der mit Kurssteigerungen verbundene *steuerfreie Kapitalgewinn* ein Ziel, das verständlicherweise ganz oben auf der Wunschliste der Investoren steht. Deutsche Anlegerinnen können diesen Gewinn allerdings nicht immer ohne Zahlung der Spekulationssteuer verbuchen. Zur Vermeidung dieser Steuern müssen Aktien nämlich mindestens ein Jahr gehalten werden. Bei der *Dividende* handelt es sich um die zumeist jährlich vorgenommene Beteiligung der Aktionäre am Gewinn der Gesellschaft. Der *Zinskupon* der Obligationen hingegen wird jährlich ein- oder mehrmals als feste Verzinsung auf den Betrag, der am Ende der Laufzeit einer Obligation zurückbezahlt wird (Nominalwert), ausgeschüttet. Er ist wie die Dividende der Einkommenssteuer unterworfen. Im Gegensatz zum Zinskupon stellt die Dividende keine im Voraus festgelegte Summe dar,

Kurschart (bildliche Darstellung des Kursverlaufs) der BASF-Aktie im Jahr 2001. (Quelle: Datastream/UBS)

sondern richtet sich nach dem Gesamtergebnis der Gesellschaft und kann je nach der Lage des Geschäftsganges reduziert oder erhöht werden oder auch ausfallen.

Wenn Sie etwa im März 2001 die Aktie des Chemiekonzerns BASF zum Kurs von 42 Euro gekauft hätten, wäre Ihnen die nächste Dividende im Sommer 2001 mit zwei Euro ausbezahlt worden. Die *Dividendenrendite* bezieht sich auf den gezahlten Kaufpreis der Aktie und hätte in diesem Fall rund 4 ¾ Prozent ausgemacht (Dividende x 100 : Kaufkurs = Dividendenrendite). Im Vergleich zu anderen Aktien zeigt die Höhe der Rendite dieser Dividende, dass die BASF damals eine »Dividendenperle« gewesen ist.

Eine weitere Ertragsquelle der Aktie ist das *Bezugsrecht*. Es kommt dann zum Zuge, wenn die Gesellschaft neues Kapital für Investitionen braucht. Die Unternehmen müssen dann erneut über Kapitaltransaktionen nachdenken. Sie können zusätzliches Kapital über eine *Kapitalerhöhung* aufnehmen. Bei einer solchen Erhöhung des Grundkapitals, die Aktiengesellschaften von Zeit zu Zeit vornehmen, werden »junge« Aktien ausgegeben. Die bisherigen Aktionäre können sie in einem bestimmten, von der Gesellschaft festgelegten Verhältnis zu den von ihnen gehaltenen Aktien beziehen. Der Preis, der für diese neuen Titel festgelegt wird, ist meistens erheblich günstiger als der an der Börse gehandelte Kurs der alten Bestände. Wenn Sie als Anlegerin das Bezugsrecht ausüben – Sie können Ihre Anrechte auch zu einem an der Börse gehandelten Preis verkaufen – erhalten Sie mehr Ertrag und weiteres Kursgewinnpotenzial. Im Falle schlechter Firmennachrichten – wie etwa bei Rückgang der Umsatz-, Gewinn- und Auftragslage – wird Ihnen aber das übliche Schicksal der Aktionäre in Form größeren Verlustpotenzials zuteil.

RAT

Achten Sie beim Aktienkauf nicht nur auf Qualität, sondern auch auf hohe Dividendenrenditen. Sie bieten einen gewissen Schutz vor starken Kursverlusten.

Wenn Sie sich eine Aktie noch in ihrer traditionellen Art, also nicht als elektronisch in Sammelverwahrung registrierte *Globalurkunde*, physisch vor Augen führen, dann sehen Sie darauf einen, *Nennwert* verzeichnet, sofern es nicht Stücke ohne Nennwert sind. Der Nennwert bezieht sich auf das Aktienkapital einer Firma und repräsentiert den Wert, der bei der Gründung der Aktiengesellschaft pro Aktie einbezahlt worden ist. Die Summe der Nennwerte aller ausgegebenen Aktien ergibt das *Stamm-* oder *Aktienkapital*, das in der Bilanz erscheint. Dieser Wert verändert sich erst dann, wenn ein Unternehmen eine Kapitalerhöhung vornimmt.

Aus verschiedenen Gründen kann auch eine *Kapitalreduktion* durchgeführt werden, womit sich der Wert des Aktienkapitals zum Beispiel durch teilweise Rückzahlung an die Aktionäre ermäßigt. Aus der Sicht der Aktionäre hat diese Transaktion den Vorteil einer steuerfreien Einnahme. Aus der Sicht der Aktiengesellschaft hat sie neben anderen Vorteilen den Vorteil einer Erhöhung der Rendite, die sich bei gleichem Gewinn aus der Verringerung des Eigenkapitals ergibt. Eine hohe Eigenkapitalrendite zeugt von der Ertragskraft eines Unternehmens und wird deshalb angestrebt.

Der Nennwert einer Aktie ist also nicht identisch mit den täglich durch Kauf und Verkauf an der Börse festgestellten Kursen einer Gesellschaft. Diese werden von den Teilnehmern bestimmt, und zwar entsprechend des Angebots und der Nachfrage. Wenn Sie den Börsenkurs mit der Anzahl der Aktien multiplizieren, erhalten Sie den Wert der *Börsenkapitalisierung*.

Das *Aktienkapital* einer Gesellschaft errechnet sich nach folgender Formel:
Umlaufende Titelanzahl x Nennwert = Aktienkapital der Firma
Die *Börsenkapitalisierung* errechnet sich folgendermaßen:
Zahl der umlaufenden Aktien x Börsenkurs = Börsenbewertung
Der *Emissionskurs* ist der Preis, der anlässlich der Aktienemission von den zeichnenden Investoren bezahlt werden muss.
Bei der *Emission* geht die *Differenz* zwischen *Nennwert* und *Ausgabekurs* einer Aktie in die Rücklagen des Unternehmens.
Der erstgehandelte Börsenkurs nach einer Emission wird demjenigen gutgeschrieben, der als Verkäufer einer aus Zeichnung zugeteilten Aktie auftritt.

Die Aktionärsrechte

Bankier Fürstenberg, der Begründer der heutigen BHF-Bank, damals Berliner Handelsgesellschaft, ist heute noch bekannt als geistreicher Anekdoten- und Witzeerzähler. Als er eines Tages durch die Berliner Börse ging, fragte ihn ein Fremder: »Wo sind denn hier die Toiletten?« »Hier gibt's keine Toiletten«, antwortete der würdige Banker, »hier bescheißt einer den anderen!« Oder die Anekdote aus Fürstenbergs Munde, dass Aktionäre dumm und frech seien – dumm, weil sie ihr Kapital für den Kauf von Aktien gäben und frech, weil sie auch noch Dividende dafür haben wollten.

Natürlich spiegelt diese Aussage den Geist der damaligen Zeit wider. Doch während es in den USA heute selbstverständlich ist, dass die Eigentümer eines Unternehmens ihre Rechte aktiv vertreten (selbstherrliche und untaugliche Manager von IBM, GM, Sears oder Kodak wurden in den achtziger Jahren von den Aktionären reihenweise in die Wüste geschickt), fällt es dem europäischen Aktionär immer noch schwer, seine Vermögens- und Eigentumsrechte wahrzunehmen. Und das, obwohl die Mitgliedschaftsrechte dem Aktionär grundsätzlich das Recht verleihen, bei der Gestaltung seiner Gesellschaft mitzuwirken.

Wenn Sie also Aktionärin werden, dann denken Sie daran, dass Sie durchaus protestieren können, wenn Ihnen Strategien und Aktionen des dem Firmenmanagement übergeordneten Aufsichtsrates missfallen. Neben anderen Rechten, die Sie dem folgenden Abschnitt entnehmen, können Sie nämlich auf der in der Regel jährlich stattfindenden Versammlung der Aktionäre, der so genannten *Hauptversammlung* – in der Schweiz Generalversammlung genannt –, in Anwesenheit des Managements und der Aufsichts- oder, schweizerisch, Verwaltungsräte ihren Unmut verbal äußern. Sie können sogar dem Aufsichtsrat Entlastung verweigern, indem Sie sich bei der Abstimmung entsprechend verhalten. Aber meistens sind die Anstrengungen einzelner Aktionäre, die Leiter der Geschicke eines Konzerns oder einer kleineren Firma nicht aus ihrer Verantwortung zu entlassen, vergeblich. Denn die auf der Hauptversammlung anwesenden institutionellen Anleger – die Vertreter der Pensionskassen oder Versicherungen – sind mit übermächtigen Stimmanteilen dabei und stehen in der Regel brav hinter den auf dem Podium sitzenden Machern der Gesellschaft.

Die Rechte des Aktionärs:

- **Wahl und Entlastung des Aufsichtsrates**
- **Beschluss über Zuwahl von Aufsichtsräten**
- **Beschluss über Gewinnverwendung (Dividende)**
- **Vorschlagsrecht über Tagesordnungsprogramm der Hauptversammlung**
- **Beschluss über Kapitaltransaktionen (zum Beispiel Erhöhung des Aktienkapitals)**
- **Auskunftsrecht auf der Hauptversammlung**

Der Aktienkauf in der Praxis

Informationsquellen vor der Anlage in Aktien

- Regelmäßige Lektüre des Wirtschaftsteils einer Tageszeitung
- Vor Kauf einer Aktie in Deutschland möglichst Studium von Informationsmaterial der Banken, insbesondere Analysen, und des letzten Geschäftsberichts. In der Schweiz ist der Aktienführer der *Finanz und Wirtschaft* als Standardwerk über den Buchhandel oder Ihre Bank erhältlich.

- Konsultierung eines Anlageberaters
- Aktuelle Finanzinformationen und internationale Börsenkurse über Videotext im Fernsehen:
  N-TV: Seite 200, 3Sat: Seite 150, SF1: Seite 600.
- Umfassende Finanz-, Markt- und Gesellschaftsanalysen im Internet: Finanzportale vermitteln nicht nur zeitgleichen Überblick über die internationalen Börsen, Anleihen, Fonds und Devisen, sondern Sie finden auch fachlich fundierte Kommentare sowie heiße Anlagetipps.

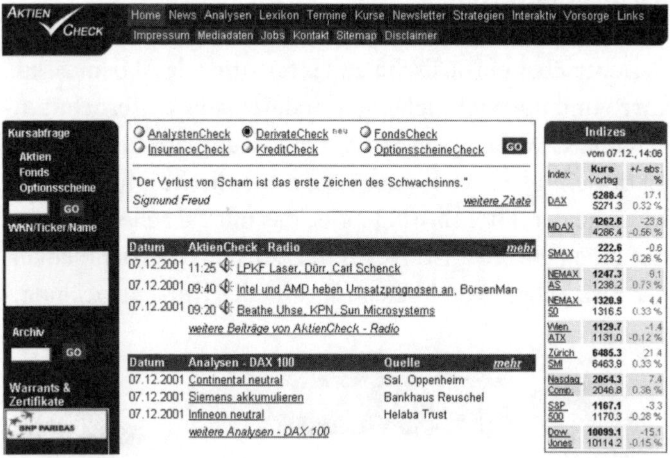

www.aktiencheck.de
Wichtigstes in Kürze: Der Schwerpunkt von »Aktiencheck« liegt in der Analyse von Wertpapieren, Derivaten und Fonds. Man kann aber auch Versicherungen aufrufen. Die Eingabe der Wertpapierkennnummer erlaubt den Abruf von einer Vielzahl von Analysen in- und ausländischer börsenkotierter Firmen. **Besonderheiten:** Zusätzlich haben Sie die Möglichkeit, MP3-Files herunterzuladen. Mit diesen Sounddateien hören Sie interessante Nachrichten über neue Strategien spezieller Firmen und aktuelle Marktberichte.

www.comdirect.de
Wichtigstes in Kürze: Diese Seite konzentriert sich auf Berichte über europäische und internationale Aktienmärkte, kurze und übersichtliche Stammdaten von Unternehmungen und Chartanalysen. Es gibt eine Rubrik mit IPO-Informationen. Darüber hinaus haben Sie die Möglichkeit der Eingabe der Titel Ihres Depots, das mit aktuellen Kursnotierungen abrufbar ist. **Besonderheiten:** Übersichtlichkeit der Firmendaten und Visualisierung der Kursentwicklung.

www.platow.de
Wichtigstes in Kürze: Aktuelle Aktienkursführung von Titeln der Hauptbörsenplätze in Europa und Amerika sowie

deren Charts. **Besonderheiten:** Sie können Kurzanalysen von über 2000 Titeln abrufen. Die Attraktion aus Investorensicht: Präsentation von Hintergrundmeldungen, die den Anlageentscheid erleichtern.

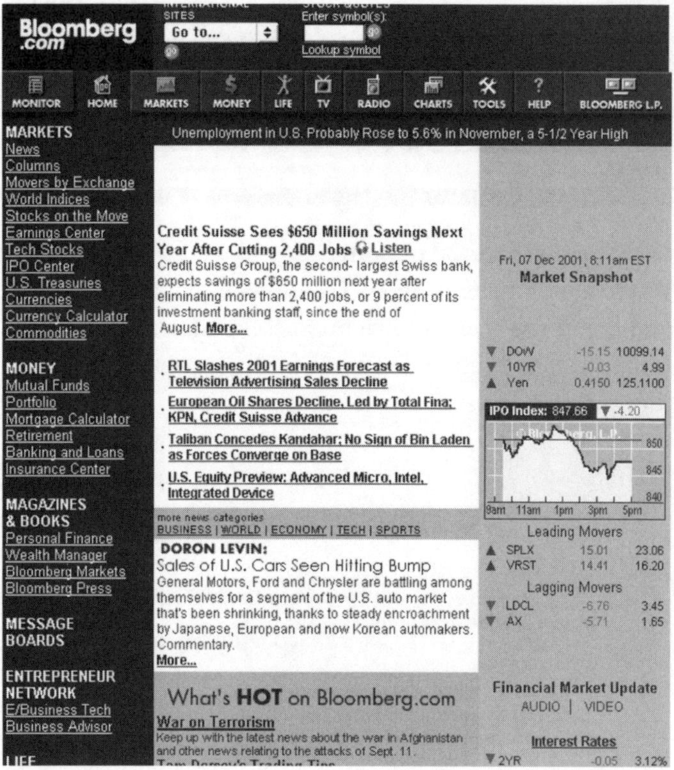

www.bloomberg.com
Wichtigstes in Kürze: In der Kürze liegt die Würze. Der weltberühmte Anbieter von Unternehmensanalysen, Bloomberg, bringt Top Financial News mit Schwerpunkt USA. Besonders zu beachten: die Rubrik »Earningcenter« und »Profit Warnings«. **Besonderheiten:** Die Rubrik »Aktienchartbuilder« sowie die prägnant zusammengefasste Übersicht der Ertragslage *(Earnings)* internationaler Firmen.

www.finanzspick.20 m.com
Wichtigstes in Kürze: Internationale Wirtschaftspresse und heißeste Finanznachrichten. **Besonderheiten:** Diese Links hat eine Freundin von mir für Ihre spezielle Information zusammengestellt.

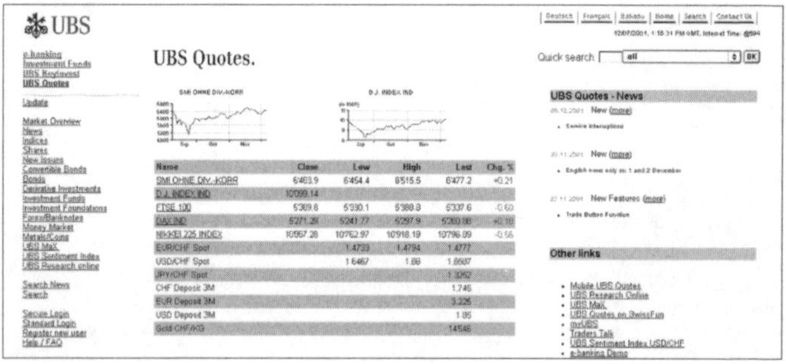

http://quotes.ubs.com
Wichtigstes in Kürze: Indizes von 24 Börsenplätzen, Börsenkurse und Charts von Intraday- bis zu Fünfjahresphasen, Suchmaschine für 500 000 Finanzinstrumente. Sie können über ein Passwort Ihr persönliches Depot einspeichern. **Besonderheiten:** UBS liefert aktuelle Kursführung sowie über e-mail und SMS Alarminformationen zu vorgegebenen Verkauf- und Kauflimiten Ihrer Titel.

Wie erwerbe ich eine Aktie?

Eine Aktie wird durch *Zeichnung* eines neu gegründeten oder in Privatisierung befindlichen Unternehmens, an dem eine Beteiligung angeboten wird, erworben. Ihre Hausbank informiert Sie über die Preiskonditionen und nimmt Ihre Zeichnung entgegen. Kleinanleger werden in den Prozess allerdings meist nicht einbezogen.

Unternehmen gehen in der Regel mit *Bookbuilding-Verfahren* public: Wie bei einer Auktion soll der Anleger selbst vorgeben, welchen Kurs er innerhalb eines vorgegebenen Preisbandes gewillt ist zu bezahlen. Der Erlös aus der Emission fließt dem Unternehmen oder dessen Gründern zu.

Durch *Kauf über die Börse* erwirbt man die Aktie eines bereits an der Börse zugelassenen, das heißt *kotierten* Unternehmens, die ein anderer Aktionär verkauft.

Was bei Erteilung eines Wertpapierauftrags zu beachten ist

- *Kurslimit:* Preisbestimmung und Gültigkeitsdauer mit Datum (zum Beispiel Kauf von hundert Aktien Deutsche Telekom limitiert zum Kurs von 19,50 Euro bis ultimo August).
- *Verlustbegrenzung* durch Stoppsetzung: Schon beim Kauf einen Verkaufskurs festsetzen, der etwa 15 bis 20 Prozent unter dem aktuellen Kurs liegt.
  (Beispiel: Stopp hundert Aktien Deutsche Telekom bei 17,50 Euro. Bei negativem Kursverlauf und Erreichen dieses Stoppkurses, wird die Aktie automatisch verkauft. Der Nachteil ist, dass zuweilen niedrige Kurse erreicht werden, um kurz danach zu drehen und sich dann positiv zu entwickeln.)

- Festhalten des Ausführungsdatums, Kurses und Betrages zum späteren Vergleich mit der Bankabrechnung.

Das Onlinebanking – Wo die Kosten am niedrigsten sind

Warum jede Lady eine versierte Internet-Surferin sein sollte? Nicht nur deshalb, weil sie das aktuelle Finanzmarktgeschehen zeitgleich, hautnah und detailliert am Bildschirm miterleben kann! Wenn sie will, setzt sie ihre gesammelten Informationen zudem sofort selber in Börsentransaktionen um und spart dabei massiv Geld beim Kauf und Verkauf. Ein Vergleich zeigt den krassen Unterschied der Provisions- beziehungsweise Courtage-Kosten zwischen Onlinebanking und der traditionellen Ordervergabe an den Anlageberater.

Der Kauf einer deutschen Aktie im Umfang von 10 000 Euro über die Handelsplattform Xetra würde im Gespräch mit dem Kundenberater der BHF-Bank in Frankfurt 1 Prozent oder 100 Euro kosten, die Zürcher UBS würde sich für denselben Kauf 1,7 Prozent Provision oder 170 Euro bezahlen lassen, in der Schweiz für einen Schweizer Titel bis 50 000 CHF aber nur 1,2 Prozent und mit steigendem Volumen gestaffelt weniger.

Wenn Sie dieselbe Summe jedoch online bei einer Direktbank oder einem Discount-Broker traden, so ist der Deal vergleichsweise fast geschenkt: In Deutschland und in der Schweiz zahlen Sie für Ihre 10 000 Euro-Order massiv weniger – bei Consors Deutschland zum Beispiel 0, 25 Prozent oder auf Heller und Cent genau 25,6 Euro (davon 21 Euro Provision und 4,6 Euro Grundgebühr), Consors Schweiz verlangt 35 Euro (davon 11 Euro für die Grundgebühr). Falls der gewünschte Titel nicht über die deutsche Xetra, sondern über die Londoner Plattform Virt-x gekauft werden kann, schneidet Consors Schweiz mit 0,17 Prozent oder 17,20 Euro Gesamtkosten am besten ab.

Grundsätzlich gilt übrigens bei den meisten Direktbanken das Prinzip: Je höher das Volumen pro Auftrag, desto günstiger die Kosten. Depotgebühren/Kontoführungsgebühren, die bei traditionellen Banken etwa 0,2–0,5Prozent betragen, fallen bei Consors Deutschland bei Nutzung des Online-Archivs gänzlich weg, Consors Schweiz nimmt dafür 0,035 Prozent. Dort erhebt der Staat für jede Wertpapiertransaktion auf die Kaufsumme zusätzlich 0,15 Prozent Stempelsteuern.

Der Nachteil des Tradens über Internet bestand bisher in einer praktisch nicht vorhandenen Finanzberatung. Doch beginnt sich die persönliche Wertpapierberatung neuerdings auch bei den Direktbanken durchzusetzen. Zusätzliche jährliche Honorare dafür betragen 0,2 bis 0,3 Prozent des Depotvolumens (Minimumgebühren 40 bis 60 Euro).

Die wichtigsten Kriterien für den Aktienkauf

Daten der Gesellschaft

Die finanzielle Entwicklung eines Unternehmens spielt aus fundamentaler Sicht die entscheidende Rolle für die Aktienkursentwicklung, denn der Wert eines Unternehmens richtet sich nach seinen erwarteten zukünftigen Gewinnen. Sehr hohe Bewertung verdienen Aktien, die ihre Gewinne nachhaltig über Jahre zu steigern vermögen. Wichtigstes Kriterium beim Aktienkauf ist deshalb die Ertragskraft einer Gesellschaft.

Ein Paradebeispiel für diese Situation ist der aus der Fusion zwischen Ciba Geigy und Sandoz hervorgegangene Pharmagigant Novartis, der durch die Fusion und die darauf folgenden Maßnahmen sein Gewinnwachstum über einige Jahre von zwölf auf zwanzig Prozent etwa verdoppeln sollte. Dadurch wird überdurchschnittlicher Mehrwert für die Aktionäre geschaffen, was sich in einem überdurchschnittlichen Anstieg des Aktienkurses widerspiegelt (siehe auch Kapitel »Shareholdervalue«).

RAT

Informieren Sie sich vor dem Kaufentscheid über Eckdaten der Gesellschaft:

- **das Produkt**
- **den Marktanteil**
- **die Wettbewerbssituation**
- **das Management**

Beachten Sie besonders auch die Managementqualitäten; denn wenn diese Voraussetzung nicht positiv wäre, müssten Sie sich ja fragen, wozu Sie ein unfähiges Management-Team mit Ihrem Kapital ausstatten, das dann verwirtschaftet werden dürfte. Informieren Sie sich weiter über die wirtschaftlichen Eckdaten der Gesellschaft. Darunter fallen:

- **Umsatz- und Gewinnentwicklung**
- **die Wachstumsaussichten der Branche**
- **die Konkurrenzsituation**

Die Stellung einer Firma auf dem Weltmarkt ist ein weiterer wichtiger Aspekt für den Kaufentscheid, denn die Wettbewerbsfähigkeit eines Produktes auf dem heimischen und internationalen Markt bestimmt, ob der Marktanteil vergrößert werden kann oder nicht. Vor dem Kaufentscheid muss demnach noch geprüft werden, inwieweit die Konkurrenten der Firma mit Blick auf die *Dynamik der Umsatz- und Gewinnentwicklung* überlegen sind oder aufholen könnten. Wenn die Konkurrenz durch bessere Produkte oder durch Billigpreispolitik bei gleich guter Produktqualität das Umsatzwachstum und als Folge davon die Gewinnmargen einer Firma bedroht, reagiert der Aktienkurs negativ.

Ob ein Produkt Marktanteile gewinnen kann, ist also in erster Linie von seiner *Qualität* abhängig. Doch für die strategische Ausrichtung des Konzerns ist die *Professionalität des Managements* der betreffenden Firma verantwortlich. Dessen Strategien bestimmen letzten Endes die Nachhaltigkeit des Gewinnwachstums und damit die Kursperformance.

Auch die *Transparenz der Informationspolitik*, die heute nach gesetzlicher Vorschrift in den Quartalsberichten und in den bei wichtigen Ereignissen herausgegebenen Ad-hoc-Mitteilungen erfolgt, ist relevant für die Kursentwicklung einer Aktie. Ungenügende Informationspolitik, Verschleierung von schlechten Nachrichten oder Irreführung des Aktionärs werden sofort von den Fondsmanagern abgestraft und können zu einer Verkaufswelle an der Börse führen. Diese Praktiken sind kontraproduktiv für den Aktienkurs und – in der Sprache der Börsianer – nicht mit den Maximen des viel beachteten Shareholdervalue zu vereinbaren.

Der Shareholdervalue

Seit Mitte der neunziger Jahre wird das Management börsenkotierter europäischer Aktiengesellschaften mit einer neuen Anforderung konfrontiert, die *Shareholdervalue* genannt wird. Sie kommt, wie so vieles Neues am Kapitalmarkt, aus dem Land der unbegrenzten Möglichkeiten, den

USA. Gemeint ist meistens, dass die Politik eines Unternehmens auf den wirtschaftlichen Erfolg der Aktionäre ausgerichtet sein soll. Bezeichnend ist, dass zumindest in der Anfangsphase der Geschichte des Shareholdervalues häufig die Aktienkurse von Unternehmen stiegen, wenn Entlassungen angekündigt wurden.

Der Gedankengang war folgender: Weniger Mitarbeiter bedeuten nach Vollendung der Umstrukturierung mehr Gewinn. Daraus folgt hohe Rentabilität, das heißt steigende Dividende, also steigende Aktienkurse. Zu den Auslösern dieser neuen Philosophie gehörte die in den achtziger Jahren in den USA grassierende Übernahmewelle, in deren Zuge »Raubritter« – engl.: *raider* – fußlahme Unternehmen aufkauften, zurechttrimmten und anschließend wieder mit Gewinn verkauften. Das führte den institutionellen Versicherungs- oder Pensionsfonds vor Augen, dass sich manche Unternehmen mit mageren Ergebnissen unter einem geschickten Management in Perlen verwandeln ließen. Die Fonds wechselten daraufhin ihre Strategie: Anstatt einfach Aktien zu verkaufen, wenn sie mit einem Unternehmen unzufrieden waren, nutzten sie ihre Stimmrechte, um der Unternehmensführung gegebenenfalls Dampf zu machen.

Der strukturelle Wandel der Unternehmen wurde mit der Zeit durch immer größere Ansprüche der Investoren forciert, die auf höhere Erträge und auch auf vermehrte indirekte oder gar direkte Einflussnahme bei der Vorgabe der strategischen Ziele dringen. Bei diesen Investoren handelt es sich in erster Linie um die Manager von Pensionskassen oder Beteiligungsgesellschaften, die große Aktienanteile halten. Sie bewerten die Unternehmen vorrangig nach ihrem *Substanzwert* (Summe der Werte der Vermögensgegenstände eines Unternehmens – wie Anlagen, Maschinen, Immobilien – abzüglich seiner Schulden) und nach der Höhe der *Ausschüttungen* und *Wertsteigerungen* an der Börse – also nach dem Shareholdervalue.

Ein Pionier für die Realisierung dessen, was hinter dem Ausdruck Shareholdervalue steht, war Novartis. Nach der Ankündigung der Verschmelzung der beiden Chemieriesen Ciba Geigy und Sandoz Anfang März 1996 wurde er zu einem Begriff für Aktionäre und alle interessierten und beteiligten Parteien, die so genannten *Stakeholders*. Damals stieg der kumulierte Börsenwert der beiden Unternehmen innerhalb weniger Stunden um mehr als 20 Prozent, nämlich um rund 18 auf etwa 100 Milliarden Franken. Der Entscheid zur Fusion hat in wenigen Stunden mehr Shareholdervalue geschaffen als viele Jahre seriöser Geschäftspolitik. Der Markt bewertet bereits heute, was er in Zukunft von einem Unternehmen erwartet.

Beim neuen Pharmariesen führten die Rationalisierungen – das heißt der rasche Abbau von Beteiligungen, die nicht mehr zum Kerngeschäft gehörten, zu einer Beschleunigung des Gewinnwachstums. Statt um durchschnittlich zwölf Prozent, konnte die Gewinnwachtumsrate fast verdoppelt werden und betrug bis 1999 über zwanzig Prozent pro Jahr. Der Börsenkurs verdreifachte sich aus diesem Grund!

Gleichzeitig mussten aber viele Menschen um ihren Arbeitsplatz zittern. Und dann stellte sich eines Tages heraus, dass die dynamisierenden Effekte auf die Geschäftsentwicklung, die Fachleute Synergieeffekte nennen, aufgebraucht waren und auch die Gewinne keine außergewöhnliche Wachstumsrate mehr versprachen. Damit war auch die Story des Shareholdervalue für dieses Unternehmen erst einmal beendet. Die Stunde für fallende Aktienkurse hatte geschlagen.

»Firmenhochzeiten« werden heute längst nicht mehr so positiv bewertet wie jene der Novartis in der ersten Zeit nach der Fusion. Enttäuschend verlief zum Beispiel die Aktienkursentwicklung von Alusuisse/Viag oder Deutsche Bank/Bankers Trust oder DaimlerChrysler nach der Bekanntgabe ihrer »Heiratsabsichten«, die im Fall von Alusuisse dann auch gar nicht zustande kam. Die Liste der Opfer, die von den fusionierenden Unternehmen zunächst gebracht werden müssen, ist lang. Sie reicht von Problemen der Zusammenführung unterschiedlicher Firmenkulturen über die hohen anfänglichen Kosten und Abschreibungen bis hin zur Bereinigung von Altlasten, die allesamt die Gewinne schmälern oder sogar zunächst einmal Verluste bringen. Leider gehört auch der Verlust von Arbeitsplätzen dazu.

Wer nun etwa DaimlerChrysler-Aktien kaufte, konnte am puren Euro-Wert nicht erkennen, ob dieser Titel als teuer oder billig bewertet zu betrachten war. Hier kommen nämlich verschiedene andere Größen in das Börsenspiel. Wenn Sie detaillierter wissen möchten, welche Komponenten versierte Anleger zum Kauf einer Aktie motivieren, wenden Sie sich dem folgenden Kapitel über das Kurs-Gewinn-Verhältnis zu, das bereits zur etwas höheren Schule gehört.

Das Kurs-Gewinn-Verhältnis – Vergleichsmaßstab innerhalb einer Branche

Wenn Sie zum Beispiel die DaimlerChrysler-Kursentwicklung über Jahre verfolgen, können Sie anhand der erreichten Höchst- und Tiefstkurse beurteilen, ob und um wie viel billiger oder höher Sie eventuell die Aktie zu einem früheren Zeitpunkt kaufen konnten. Aber über die Bewertung des Titels im Branchenvergleich erfahren Sie damit so gut wie nichts. Der für eine breite Schicht von Anlegern gängigste Indikator für die Bewertung eines Titels ist seit Urzeiten das *Kurs-Gewinn-Verhältnis* (KGV), auf Englisch *Price-Earning-Ratio* (P/E) genannt. Das KGV stellt den Börsenkurs eines Unternehmens in Relation zu dessen Gewinn. Es führt Ihnen vor Augen, wie viele Male der Gewinn pro Aktie mit ihrem aktuellen Kurs bezahlt wird. Ein KGV von 10 besagt, dass die Investoren mit dem aktuellen Kurs das Zehnfache des für das laufende Jahr geschätzten Gewinns pro Aktie als Börsenkurs bezahlen (siehe Formel weiter unten).

Mit den ständigen Schwankungen der Aktienkurse steigt oder fällt auch das KGV. Steigt der Kurs der Aktie, dann wächst bei gleichbleibendem Gewinn das KGV der Aktie entsprechend. Vergleiche mit dem KGV der Konkurrenten einer Branche, in der Autobranche etwa Daimler, BMW, Porsche und VW, verschaffen einen Anhaltspunkt über die Bewertung des Titels. *Je tiefer dieser Wert in Relation zum durchschnittlichen KGV einer Branche, desto günstiger ist der Titel unter dem Aspekt des KGV bewertet.* Obwohl die Analysten Gewinnschätzungen für mehrere folgende Jahre erstellen, ist es zunächst von Vorteil, den geschätzten Gewinn des laufenden Jahres zu benutzen, weil die Ertragsentwicklung auf kurze Sicht genauer als auf längere Jahre zu überblicken ist.

Beispiel:

Zur Feststellung des KGV gilt es, zuerst den Gewinn eines Unternehmens pro Aktie auszurechnen. Das müssen nicht Sie, sondern die Analysten tun. Der geschätzte Jahresgewinn der Gesellschaft wird dafür durch die Anzahl der umlaufenden Aktien dividiert. Sie finden das Ergebnis als »Gewinn je Aktie« oder auch »EPS« (earnings per share) in vielen Zeitungen unter der Rubrik der Aktienkurstabellen aufgeführt. In unserem Beispiel soll jede Aktie der XY-Holding einen Gewinn von 1 Euro haben. Der Aktienkurs liegt bei 30 Euro.

Das KGV erhalten Sie, wenn Sie den Aktienkurs durch den Gewinn pro Aktie teilen:

$$\text{KGV} = \frac{\text{Aktienkurs}}{\text{Gewinn je Aktie}}$$

In diesem Beispiel würde die Berechnung folgendermaßen lauten:

$$KGV = \frac{30}{1} = 30$$

Da das durchschnittliche Kurs-Gewinn-Verhältnis der in dem DAX-Index enthaltenen Titel auf Basis der Gewinne des Jahres 2001 im Sommer desselben Jahres auf 25 geschätzt wird, wäre ein mit dem Kurs-Gewinn-Verhältnis von 30 bewerteter deutscher Titel jetzt im Vergleich dazu teuer. Bedenken Sie aber, dass das KGV von Branche zu Branche unterschiedlich ist.

Um Ihnen die Gründe für die Schwankungen des KGV vor Augen zu führen, spielen wir oben erwähntes Beispiel weiter. Nehmen wir an, die XY-Holding schafft im Laufe dieses Jahres aufgrund einer bevorstehenden Übernahme durch eine andere Gesellschaft eine Verdoppelung des Aktienkurses bei gleichbleibendem Gewinn, so würde die Rechnung zur Ermittlung des KGV folgendermaßen aussehen:

$$KGV = \frac{60}{1} = 60$$

Sie würden nun mit dem Kurs das Sechzigfache des Gewinns bezahlen. Mit der Verdoppelung des Aktienkurses ist auch das KGV um das Doppelte gestiegen. Letztere Größe würde sich aber ändern, wenn sich stärkeres Gewinnwachstum abzeichnen würde. Die Aussicht auf eine Verdoppelung des Gewinns von 1 auf 2 Euro pro Aktie würde das KGV der XY-Holding unter der hypothetischen Annahme gleichen Aktienkursniveaus beträchtlich senken, nämlich auf folgende Bewertung:

$$KGV = \frac{60}{2} = 30$$

Eine positive Veränderung der Gewinnschätzung führt bei etwa gleichem Aktienkurs zu sinkendem KGV-Wert. Das KGV wird damit billiger und der Titel ein attraktiverer Kauf. Vice versa führt negative Veränderung der Gewinnschätzung durch die Analysten natürlich zu einer Verteuerung des KGV-Wertes.

Ein weiteres Beispiel stammt aus dem aktuellen Geschehen:

Für den deutschen Chemie- und Pharma-Produzenten Bayer erwarteten Analysten am 2. August 2001 für das laufende Jahr einen Gewinn von 1,7 Milliarden Euro. Die im Umlauf befindliche Aktienanzahl beträgt 730 341 922.

Den Gewinn pro Aktie errechnen Sie mit der Formel:

$$\frac{1{,}7 \text{ Mrd.}}{730\,341\,922} = 2{,}33 \text{ Euro}$$

Der geschätzte Gewinn pro Aktie für das Jahr 2001 beträgt demnach 2,33 Euro. Wenn Sie den am 2. August 2001 auf 46 Euro notierenden Aktienkurs von Bayer durch den errechneten Gewinn pro Aktie teilen, erhalten Sie ein KGV von 19,74.

Angenommen, der Kurs der Aktie steigt auf 46,68 Euro, wird bei gleichbleibendem Gewinn damit auch das KGV mit 20,03 etwas teurer werden. Sie sehen, dass das KGV eines Titels sich mit seinen Kursschwankungen ständig ändert. Ist ein KGV von 20 nun teuer oder billig im Branchenvergleich?

Um diese Frage zu beantworten, muss ich mich orientieren: Ein Blick auf den Branchenindex C-DAX (Chemie-Dax) gibt zumindest einen Anhaltspunkt über das durchschnittliche KGV oder P/E aller deutschen Chemie-Produzenten. Es liegt im August 2001 bei 26,34 – also höher als bei Bayer. Ein Vergleich mit dem KGV des Konkurrenten BASF offenbart hingegen, dass Sie am 2. August 2001 mit 45,50 für

BASF nur gut siebzehnmal den Gewinn pro Aktie bezahlen. Obwohl der Aktienkurs der BASF in purem Eurowert mehr kostet, ist der Titel unter dem Aspekt des KGV günstiger bewertet als Bayer.

> **Je niedriger das KGV, desto preisgünstiger ist eine Aktie bewertet.**

Im Zusammenhang mit dem KGV sollte nicht nur das durch geschätzte Gewinnwachstum des laufenden Jahres, sondern immer auch das Gewinnwachstum der folgenden Jahre betrachtet werden. Aber genau hier liegt eine Schwäche dieses Indikators: Die Frage nach der Exaktheit der Gewinnschätzungen der Analysten kann schließlich nur retrospektiv beantwortet werden. Dennoch gehört das KGV zu den gebräuchlichsten Bewertungsmaßstäben, weil die hinter den Gesellschaften stehende Ertragskraft darin zum Ausdruck kommt.

Während ich diesen Abschnitt schreibe, läuft schon wieder eine Botschaft mit Sprengkraft für den Aktienkurs über den Äther: Die Firma Bayer verkündet die sofortige Absetzung ihres Cholesterinpräparates Baycol/Lipobay. Ein harter Schlag für das Unternehmen, das eine Milliarde Euro Umsatz in diesem Jahr allein mit diesem Medikament erzielen wollte. Der Konzern beklagt nun einen erheblicher Einbruch für die gesamte Ergebniserwartung, die Analysten müssen ihre Schätzungen revidieren, der Aktienkurs verliert in wenigen Handelsstunden siebzehn Prozent, das KGV sinkt aufgrund der deutlichen Gewinnrevision von 19 3/4 auf 16 bis 17.

Sie mögen sich vielleicht fragen, ob ein Kauf auf diesem relativ niedrigen Niveau angebracht gewesen wäre. Aus der Sicht der Spekulation wäre der Einstieg gewiss einen Versuch wert gewesen. Aber das Gebot der Vernunft lautet:

Ohne ausreichende Transparenz über weitere finanzielle Folgen des Cholesterin-Präparat-Debakels, das zu dem Zeitpunkt dreißig Tote als Opfer verzeichnete, lässt die kluge Anlegerin Bayer erst mal links liegen.

Wer beim Kauf eines Titels nur auf das KGV geachtet hätte, wäre übrigens nicht immer erfolgreich gewesen. Er wäre niemals in der Lage gewesen, den Höhenflug der Technologieaktien mitzumachen. Denn Unternehmen der New Economy steht das klassische Vehikel zur Bewertung von Aktien oft gar nicht zur Verfügung. Sie schreiben vielfach ja überhaupt keine Gewinne, so dass man auch nicht ausdrücken kann, in welchem Verhältnis der Aktienkurs zum Gewinn der Gesellschaft steht. Dennoch waren Technologieaktien während einer Reihe von Jahren ein höchst attraktives, aber sehr teures Pflaster. Besonders gegen Ende der neunziger Jahre, nachdem zwei gravierende Krisen überwunden worden waren, konnten Anleger sich eine goldene Nase mit Engagements in diesen Aktien verdienen. In der Zeit vom zweiten Quartal 1998 bis zum zweiten Quartal 2000 wurde das KGV des gesamten Sektors von 22 auf 70 hochkatapultiert. Es gab eine Reihe von Firmen, die ihren Aktienkurs in dieser Zeit verzehnfachen konnten.

Dies war eine Folge der Psychologie. Die Phantasie der Investoren war noch mehr beflügelt als die Gewinndynamik der Branche, die in dieser Phase von 16 auf 42 Prozent gesteigert werden konnte. Wenn Investoren zum Beispiel das Achthundertfache des Gewinns pro Aktie mit dem Kurs eines amerikanischen Chipdesigner-Produzenten bezahlten, so taten sie das, weil seine Gewinnwachstumsrate auf 70 Prozent im Jahr geschätzt wurde. Aber die Kehrseite der Medaille lag darin, dass ein derart hohes Bewertungsniveau nur dann gerechtfertigt gewesen wäre, wenn jeder Bürger auf der Welt die Bereitschaft zum Kauf von fünf PC-Geräten mit Chipvorrichtungen dieses Unternehmens gehabt hätte. Die Aktie lebte also von der Hoffnung auf eine noch bessere Zukunft, mit anderen Worten von der Spekulation.

Heute sind wir unter dem Druck der Konjunkturabkühlung wieder auf dem Boden harter Tatsachen gelandet. Altbekannte Regeln erlangen wieder wachsendes Gewicht. Sie besagen:

RAT

Je niedriger das gesamte Wirtschaftswachstum und je düsterer die Zukunftsaussichten, desto schwächer wird im Allgemeinen auch die Gewinndynamik der Unternehmen. Wenn hohe Gewinnwachstumsraten aber nicht – oder weniger als früher – erzielt werden können, werden sich die Kurse von überbewerteten Aktien ermäßigen. Denken Sie im heutigen Umfeld an Börsianergesetze wie zum Beispiel: Kaufe Aktien mit der Fähigkeit zu anhaltender, langfristiger Gewinnsteigerung, und achte dabei auf niedrige KGV-Bewertung und gute Qualität.

Schlechter als erwartet ausfallende Gewinnpublikationen haben denn auch im Jahre 2000 zu massenhaften Kursstürzen an den hoch bewerteten internationalen Technologiebörsen geführt. Auch das Kurs-Gewinn-Verhältnis der Wachstumstitel ist geschmolzen wie Schnee an der Sonne.

Nun ist es aber keineswegs so, dass Sie sich beim Kauf eines Titels allein auf die Daten der Gesellschaft und deren Bewertungskriterien stützen sollten. Wenn sie auch von herausragender Bedeutung bei der Entscheidung für oder gegen ein bestimmtes Engagement sein mögen, so sind für die Kursschwankungen im Börsengeschehen daneben auch andere Faktoren verantwortlich. Auf die generelle Tendenz der Börsen, die am Verlauf der internationalen Indizes abzulesen ist, nimmt nämlich in erster Linie das gesamte wirtschaftliche Klima Einfluss. Was damit im Einzelnen gemeint ist, wollen wir im nächsten Abschnitt näher beleuchten.

Das wirtschaftliche Umfeld

Über den richtigen Zeitpunkt des Kaufs und Verkaufs, das oft erwähnte *Timing*, entscheidet zunächst die augenblickliche Wirtschafts- oder Konjunkturlage. Diese Einflussfaktoren werden als *Marktumfeld* bezeichnet. Es ist ausschlaggebend für das allgemeine Klima an der Börse und damit für den Verlauf der Aktienindizes. Die richtige Einschätzung des Marktumfelds ist entscheidend für die generelle Performance eines Portfolios. *Marktrisiken* entstehen in der Endphase eines Konjunkturbooms, bei inflationärer Erwartung und bei hohen und weiter steigenden Zinsen. Daneben existiert natürlich das *spezifische Risiko* eines Unternehmens, das nach dem Marktrisiko betrachtet werden muss. Es bezieht sich insbesondere auf die Frage, die wir im Abschnitt »Daten der Gesellschaft« erörtert haben, nämlich das Produkt, das Management, die Informationspolitik. Auch eine Verteuerung des Wechselkurses wird für ein exportabhängiges Unternehmen zum Risiko.

Sind die Berichte über die wirtschaftlichen Grundlagen optimistisch – die Auftragslage der Industrie ist gut, die Arbeitslosenzahlen gehen zurück, die Exporte steigen, die Zinsen fallen (oder sind schon niedrig) –, so ist die Fanfare für den generellen Einstieg bereits gekommen, denn die Börse setzt solche Nachrichten sofort in steigende Nachfrage nach Aktien um. Sie *eskomptiert* die zukünftig bessere Gewinnlage der Unternehmen. Mit anderen Worten: Sie nimmt sie schon ad hoc vorweg, bevor sie von den Firmen selbst kommentiert wird. Es ist also dringlich, an der Börse schnell zu handeln, da in einer Aufschwungphase täglich viele Aktien teurer werden.

Die klassische Konjunkturkurve verläuft, wie bereits dargestellt, gleich einer Sinuskurve mit einem Aufschwung, der unter anderem wegen einer lockeren Geldpolitik der Notenbank durch sinkende Zinsen eingeleitet wird und in den Boom führt. Die Notenbank wird schon vor der Boomphase der Wirtschaft wegen der Teuerungsgefahr, die in inflationäre Überhitzung auszuarten droht, die Geldzügel anziehen und die Zinsen erhöhen. Die vorsorglichen Eingriffe der Notenbanken und der technologische Wandel halten inflationäre Erscheinungen weitgehend unter Kontrolle, solange die Energiepreise oder andere außerordentliche Faktoren keinen Strich durch die Rechnung machen. Deshalb sind die Konjunkturzyklen heute weniger ausgeprägt als in den vorhergehenden Jahrzehnten.

Trotz der daraus folgenden flacheren Konjunkturkurven bleibt die alte Regel tendenziell bestehen, dass gewisse Branchen von einer *Konjunkturaufschwungphase* schneller profitieren als andere. Deren Repräsentanten werden mit ihren deutlich steigenden Umsatz- und Gewinnausweisen an der Börse besser liegen als die Vertreter jener Branchen, die im vorherigen Umfeld höherer Zinsen und der daraus folgenden Konjunkturabkühlung gesucht waren. Sie sollten also mit dem steigenden Konjunkturzyklus Ihre Bestände an Aktien in gewissen Branchen aufstocken und dann je nach Konjunkturverlauf wieder umschichten und schließlich den Aktienanteil abbauen. Wenn sich Signale einer Verlangsamung der Konjunktur mit sinkendem Gewinnwachstum bei hohen oder immer noch steigenden Zinsen ankündigen, dann klingeln in den Ohren professioneller Anleger die Warnsirenen.

Und was bedeuten steigende Zinsen für die Teilnehmer? Sie sind sowohl für die Wirtschaft als auch für die Börse negativ. Für eine stabile Preisentwicklung – also aus Gründen der Inflationsbekämpfung – sind sie aber unerlässlich. Es werden weniger Kredite aufgenommen, weniger Häuser gekauft, weniger Bauten realisiert. Die Unternehmen ihrerseits werden sinkende Gewinne verzeichnen, denn die Auftragslage verschlechtert sich, die Absatzlage ebenfalls, man produziert auf Halde, und darüber hinaus verteuern die steigenden Zinsen auch noch die Lagerhaltung. Auch das drückt auf die Gewinnmargen (Gewinn in Prozent des Umsatzes).

Das Szenario beeinträchtigt die gesamte Aktienbörsentendenz. Außerdem werden Neuengagements in festverzinsliche Anlagen mit dem Anstieg der Zinsen interessanter. Unter dem Einfluss der dämpfenden Zinserhöhungen der Notenbanken kulminiert der Höhepunkt des Wirtschaftszyklus dann wieder und mündet in einen Abschwung. Er führt in die Talsohle, dann in die Rezession (schrumpfende Wirtschaft) und schließlich zu sinkenden Zinsen.

Dass der Wechsel von einer restriktiven zu einer expansiven Geldpolitik grundsätzlich positiv für den Aktienmarkt ist, erkennt man etwa in den USA daran, dass die Aktienindizes in der Regel in den darauf folgenden zwölf Monaten um rund zwanzig Prozent gestiegen sind. Sinkende Zinsen wirken stimulierend auf die zukünftigen Gewinne der Unternehmen. Aber nicht nur das – mit sinkenden Zinsen wird auch der Einstieg in das Alternativinstrument der Anleger, die Obligation, wegen sinkender Kuponzinsen und Renditen in der Regel unattraktiver. Das Anlagekapital fließt dann wieder vermehrt in Aktien.

Fallende Zinsen sind gewöhnlich Sprit für die Börse, wenn das sonstige Umfeld stimmt. Diese Grafik zeigt, wie die Schweizer Börse im Zeitraum 1992/1993 bei einer knappen Halbierung der Zinssätze für Obligationen um rund hundert Prozent steigt. (Quelle: Datastream/UBS)

Das Timing

Das Timing – der Zeitpunkt vom Kauf und Verkauf – spielt kürzerfristig, also bis zu einem Jahr oder sogar eineinhalb Jahren gerechnet, die entscheidende Rolle für eine positive oder negative Performance an der Börse. In den neunziger Jahren ist die günstigste Phase zum Aktienkauf generell vor oder kurz nach dem Höhepunkt der Kapitalmarktzinsen gewesen. Sinkende Zinsen hatten vielen Kursen Rückenwind gegeben, während steigende Zinsen das Gegenteil bewirkten. Nach der Jahrtausendwende hat sich, soweit wir das 2001 beurteilen können, ein anderes Muster ergeben. Der Grund ist darin zu suchen, dass die aggressive Zinssenkung durch die amerikanische Notenbank selbst sechs Monate nach deren Beginn im Januar 2001 noch keine deutliche

Wirkung auf die Konjunktur und Gewinnsituation amerikanischer Firmen nehmen konnte. Die Publikation positiver Gewinnprognosen spielt in diesen Phasen eine herausragende Rolle für eine festere Börsentendenz.

Demnach gilt: Wenn an dieser Stelle der Zusammenhang zwischen Konjunktur, Inflation, Zinsen und Börse erklärt wird, so handelt es sich um einen modellhaft dargestellten Zyklus. Bedenken Sie dabei, dass kein Zyklus dem anderen völlig gleicht. Der Ablauf der Wirtschaft wird ja ständig von neuen und anderen Erscheinungen überlagert, die auch die Reaktion der Geld- und Kapitalmärkte verändern. Damit reagiert auch die Börse nicht nach ein und demselben Schema. Das macht die Frage des Timings ja gerade so schwer.

Als weit gefasste Regel lässt sich aber feststellen: *Konjunktur, Inflation und Zinsen haben Einfluss auf den Börsenzyklus.*

- **Die Börse setzt gute Nachrichten von der Konjunkturfront sofort in steigende Nachfrage nach Aktien um. Sie eskomptiert die zukünftig bessere Gewinnlage der Unternehmen.**
- **Dem Konjunkturaufschwung folgt der Boom. Solange keine Inflationsgefahren auftauchen, die Gewinnausweise sich besser als erwartet präsentieren und das Zinsniveau niedrig bleibt, wird das Börsenbarometer positiv verlaufen.**
- **Marktrisiken entstehen in der Phase eines Konjunkturbooms durch inflationäre Risiken. In der Erwartung steigender Zinsen reagiert die Börse auf Teuerungstendenzen höchst sensibel und mit Kursrückgängen.**
- **Steigende Zinsen sind aus zwei Gründen Gift für die Börse: Erstens ist voraussehbar, dass mit der Verteuerung der Investitionskredite unter anderem**

die Finanzierungskosten der Firmen steigen und damit die Ge-winne unter Druck kommen werden. Zweitens erhöhen steigende Zinsen die Attraktivität des Kaufs von Obligationen, weil sie als sichereres Anlageinstrument in solchen Perioden höhere Renditen abwerfen.

- Wenn sich Signale einer Verlangsamung der Konjunktur mit sinkendem Gewinnwachstum bei hohem Kursniveau ankündigen, wird das Börsenbarometer negativ verlaufen.
- Sinkende Zinsen bei gedrücktem Kursniveau der Aktien und Aussicht auf bessere Gewinne beflügeln dagegen die Börsentendenz.

Heute zu wissen, was morgen passiert – das war schon immer Gold wert. Für Sie, die an der Erhaltung und Vermehrung Ihres Geldes interessierte Anlegerin, nimmt die richtige Einschätzung konjunktureller Schwankungen dabei eine besondere Position ein. Bringt sie Ihnen doch vielfache Chancen. Sie gewährt erstens einen Ausblick auf die generelle Börsentendenz, und ist zweitens damit ein Indikator für die Frage, ob Aktien im Spektrum der Anlagen generell ein höheres oder niedrigeres Gewicht haben sollten. Drittens lässt eine gute Prognose des Wirtschaftszyklus aber auch auf die zukünftige Geschäftslage der verschiedenen Branchen schließen. Es gibt ja in jeder Phase der Konjunktur Sektoren, deren Erträge abflachen und die dann von anderen überflügelt werden.

Wenn es Ihnen gelingt, Ihre Titel rechtzeitig aus Bereichen, die ihren Zenit zu überschreiten drohen, in solche mit aufhellenden Aussichten umzuschichten, winken vielversprechende Kursgewinne. Allerdings ist das *Switchen* zwischen den viel versprechendsten Branchen selbst für Profis nicht immer leicht. Der Umgang mit Aktien ist und bleibt eben Spekulation.

Die Einteilung der Aktiengesellschaften nach wirtschaftlichen Kriterien

Bei der Aktienauswahl achten Experten nicht nur auf die Gewichtung, die sie den einzelnen Branchen wie zum Beispiel Banken und Versicherungen, Technologie, Medien oder Telekom etc. geben, sondern sie bewerten zunächst einmal übergeordnete wirtschaftliche Charakteristika. Dazu gehört die Einteilung der Gesellschaften nach den wirtschaftlichen Aspekten Wachstum und Substanz sowie Sensibilität auf Schwankungen des Zyklus oder der Zinsen.

Wachstumsstarke Unternehmen

Wenn neue Technologien den Produktionsprozess vereinfachen und gleichzeitig die Arbeitsintensität der Belegschaft vermindern, so trägt das zur Dämpfung der Inflation bei. Das Schlagwort heißt »New Economy«. Es umschreibt die Wandlung des Wirtschaftsgeschehens, das zunehmend von Produkten des High-Tech-Sektors getragen wird. Im Gegensatz zur High Tech stehen die Low-Tech-Aktivitäten der »Old Economy«, zu denen etwa der Bau von Großanlagen wie konventionelle Kraftwerke, Automobilindustrie, Stahlindustrie und andere gehören.

Siemens-Chef Heinrich von Pierer charakterisiert diesen Wirtschaftsbereich folgendermaßen: »Es handelt sich also um jene reifen Branchen mit abnehmender Innovationskraft, deren Beitrag zur Strahlkraft des Standorts Deutschland nachlässt. Das wirklich Neue an der New Economy ist aber keine einzelne Geschäftsidee, sondern die Erschließung des Internets für Geschäftsprozesse jeder Art.« Die elektronische Vernetzung interner Geschäftskommunikation über elektronische Plattformen – bei Forschung und Entwicklung, Produktion, Logistik, Personalwesen – spiele dabei eine wesentliche Rolle. Genauso wichtig sei aber die E-Kompetenz auch bei externen Kunden.

Eine der dankenswertesten Folgen der New Economy ist aber ein anderer Prozess: Die Unternehmen produzieren – Technologie und steigende Fähigkeiten der Arbeitnehmer sei Dank – heute mit gleichem Aufwand mehr, das heißt, der Produktionswert pro Arbeitsstunde steigt. Man nennt diesen Vorgang *Produktivitätssteigerung*. Weil sich der technologische Fortschritt schneller als die Qualifikation der Arbeitnehmer verändert, sind die Löhne zeitweise nur mäßig gestiegen, während die Unternehmensgewinne explodiert sind. *Produktivitätswachstum ist einer der wirtschaftlichen Schlüsselfaktoren, weil sich dadurch Kostensteigerungen auffangen lassen, die Inflation im Zaum gehalten wird und der Lebensstandard der Bevölkerung sich langfristig verbessern soll.*

Die Nutzung neuer Technologien führt also zu sinkenden Kosten bei den Unternehmen und zu sinkendem Teuerungsdruck. Dies kann zu hohen Unternehmensgewinnen und Lohnwachstum ohne Inflation führen. Das Zinsniveau sollte vor dem Hintergrund geringerer Inflationsrisiken im Szenario der New Economy eher sinken, wenn nicht außerordentliche Faktoren wie Öl- oder Nahrungsmittelpreise die Teuerung anheizen.

Die Veränderungen haben Konsequenzen in der Wirtschaft. Der Wettbewerb verschärft sich, die Gewinnmargen der Unternehmen schrumpfen in einigen Branchen, weil der Druck auf die Preise zunimmt. Die Industrie steht deshalb unter dem ständigen Zwang, ihre innerbetrieblichen Kosten weiter zu senken und die Produktivität zu steigern. Ja, Produktivität ist das Zauberwort, und Produktivitätssteigerung ist ohne Investitionen in neue Informations- und Kommunikationstechnologien nicht mehr denkbar.

Kein Land hat die Investitionen in diesem Bereich in den letzten zehn Jahren so dramatisch gesteigert wie die USA. Als Folge daraus soll die Produktivität zwischen Mitte der neunziger Jahre und dem Beginn des neuen Jahrtausends in den USA um gut ein Prozent auf zwei bis drei Prozent erhöht worden sein. Im vierten Quartal des Jahres 1999 sowie im zweiten Quartal 2000 wurde sie gar um über sechs Prozent gegen Vorjahr gesteigert.

Allerdings ist an der Entwicklung des Jahres 2001 abzulesen, dass die konjunkturelle Verlangsamung der amerikanischen Wirtschaft Produktivitätseinbrüche entstehen ließ – die Produktion sank tendenziell einfach deshalb, weil der Einsatz von Arbeitskräften nicht im gleichen Ausmaß zurückgeschraubt werden konnte wie die Produktion. In den USA ging das Wachstum der Produktivität im ersten Halbjahr 2001 wieder auf rund 2,5 Prozent zurück. Doch während die Amerikaner ihre Produktivitätsgewinne insgesamt markant verbessern konnten, schafften die Europäer bestenfalls einen Seitwärtstrend. Gleichzeitig errangen die Amerikaner im Vergleich zu Europa mit der erstaunlichen Flexibilität ihres Arbeitsmarktes gewaltige Wettbewerbsvorteile.

Amerika hat seiner arbeitenden Bevölkerung im Gegensatz zum alten Kontinent niemals ein risikoloses Leben versprochen. »Hiring and firing« – anstellen und gleich wieder feuern, aber auch gleich wieder anstellen. So traurig diese Haltung für den Einzelnen ist, gehört sie zu den tragenden Pfeilern der amerikanischen Erfolgsstory. Denn sicher ist, dass heute mehr denn je Flexibilität und Anpassungsfähigkeit aller Teilnehmer zwingend ist. Dies ist eine Konsequenz unserer von technologischen Innovationen getragenen New Economy, die sich durch Beschleunigungsprozesse quer durch alle Branchen und Wirtschaftsebenen auszeichnet.

Das alte Europa, das besonders in Deutschland und Frankreich immer noch von hohen Lohn- und Sozialkosten sowie gewerkschaftlichen Ansprüchen in seiner Flexibilität behindert wird, hat gegenüber der Mobilität des US-Arbeitsmarktes außerordentlichen Nachholbedarf. Dass die USA sich aus ihrer wirtschaftlichen Sklerose der achtziger Jahre befreit und es in den neunziger Jahren des letzten Jahrhunderts zu einer in keinem anderen Kontinent zu verzeichnenden Blüte gebracht haben, ist aus dieser Perspektive wenig verwunderlich.

Daraus erklärt sich unter anderem auch die Tatsache, dass sich die USA als Wirtschaftsstandort außerordentlich großer Beliebtheit erfreuen und dass die dorthin fließenden Kapitalströme über Jahre zu einem beträchtlichen Anstieg des amerikanischen Dollar gegenüber europäischen Währungen geführt haben.

Die Vertreter der Branchen *Technologie*, *Medien*, *Telekom* (TMT) sind zyklischen Rhythmen unterworfen, das heißt, die Kursentwicklung ist von den Konjunkturschwankungen abhängig. Gehandelt werden sie an den Börsen der Neuen Märkte; unter anderem sind das die US-Nasdaq, der deutsche Nemax, die europäische Easdaq und der Schweizer SNM. Diese Unternehmen präsentierten in den letzten zehn Jahren vor der Jahrtausendwende ungestüme Wachstumsraten.

So stieg etwa die Anzahl der PCs in den Haushalten und Unternehmen rasant von 120 Millionen im Jahr 1990 auf 400 Millionen im Jahr 2000. Die Zahl der Mobilfunknutzer wuchs im gleichen Zeitraum von nur 11 Millionen auf 695 Millionen! Das immer mehr Anhänger findende Internet erzeugte ebenfalls eine Explosion der Zahl der Internetnutzer, die von 2,6 Millionen auf 385 Millionen anstieg.[3]

Damit verbunden war ein unerhörtes Wachstum der Da-

---

3 Quelle für alle Angaben: *Anlagen Aktuell*, Zürcher Kantonalbank, 21.6.2001.

tenvolumen. Weltweit standen Telekomgesellschaften daher vor der großen Herausforderung, die Kapazitäten für das enorme Wachstum bereitzustellen.

Die Blue-Chip-Vertreter der Technologiebranche hatten den Aktienanlegern im letzten Jahrzehnt vor der Jahrtausendwende aufgrund ihres Wachstumspotenzial die größten Chancen geboten. Die Voraussetzungen waren ideal: Die USA begannen Ende der achtziger Jahre, sich aus ihrer konjunkturellen Sklerose zu befreien. Das wurde zum großen Teil durch technologische Innovation der Unternehmen erreicht. Ab 1992 begann der international anhaltende Zinssenkungsprozess und stimulierte den allgemeinen Trend der Investitionen in der Wirtschaft.

Der Siegeszug des Handy quer über den Erdball und über alle Käuferschichten war natürlich programmiert. Klarer Marktführer auf dem Gebiet der Hardware für Mobilphones wurde der finnische Produzent Nokia.

Die Gründe, warum langfristige Anleger mit diesem Trendsetter einer anhaltenden euphorischen Modebewegung reich wurden, waren vielfältiger Art und gewissermaßen repräsentativ für andere Weltmarktführer der Technologiebranche. Nokia hatte seinen Kurs in den Jahren zwischen 1997 und 2000 von drei auf sechzig Euro hochschrauben können. Innovationsgeschwindigkeit, massiv wachsende Erträge und Gewinne führten dazu, dass die Aktionäre mit diesem Titel über Jahre Vermögen bilden, vermehren und sich durchaus als Gourmets gebärden konnten. Sie fragen warum?

Zum einen sprach das Marktsegment generell für eine solche Kapitalanlage. Es konnte weltweit über Jahre enorme Wachstumsraten aufweisen. So wurden am Zenit der Expansion des Mobilphone-Sektors im Jahre 2000 in diesem Markt über fünfzig Prozent mehr als im Vorjahr verkauft. Aber auch die Konkurrenz war gewachsen. Dass Nokia sich im hart umkämpften Markt über die Jahre einen entschei-

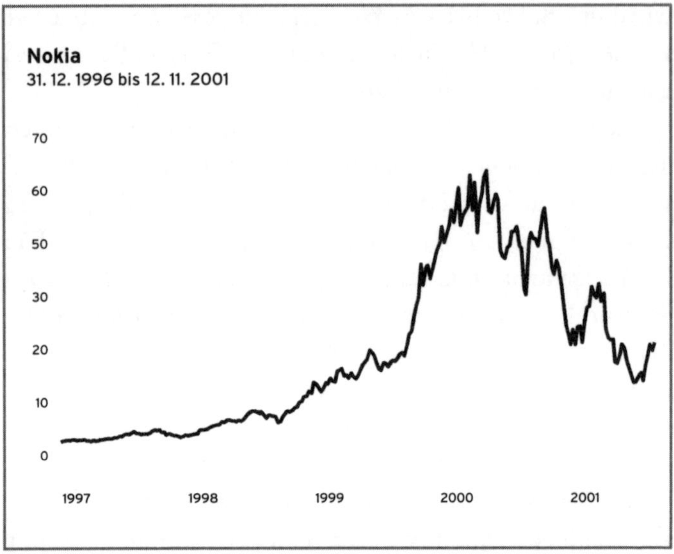

Nokia, Weltmarktführer in der Produktion von Mobilphones: Kurs zwischen 1997 und 2000 verzwanzigfacht, allein in der Phase zwischen Sommer 1999 und Sommer 2000 verdreifacht, im Verlauf der nächsten zwölf Monate aber gedrittelt. (Quelle: Datastream/UBS)

denden Wettbewerbsvorteil gegenüber den Mitbewerbern sichern konnte, lag am hervorragenden Management, hervorragendem Produktdesign und hervorragendem Marketing, das auf die Wünsche der Kunden abgestimmt war. Das Gewinnwachstum von Nokia betrug in seinen Glanzzeiten – im Jahre 1999/2000 – über siebzig Prozent pro Jahr.

Im Sommer 2000 gelang es den Finnen wiederum, die Umsatzerwartungen der Analysten um zwanzig Prozent zu übertreffen. Das Absatzwachstum des ganzen Jahres sollte sechzig Prozent wachsen. Der Aktienkurs hatte sich allein in dem Halbjahr zwischen Januar und Juni dieses Jahres rasant verdreifacht. Aber damit war auch die Bewertung der Aktie sehr teuer geworden. Dieses Schicksal teilte Nokia mit anderen führenden Vertretern der Technologiebranche. Als die Mobiltelephonie ihre Position als Wachstumstreiber in der Branche nicht mehr halten konnte, als sich die Absatzprognosen im Laufe der zweiten Hälfte des Jahres 2000 nach unten bewegten und überall Sättigungstendenzen spürbar wurden, wurde das in einbrechenden Börsenkursen der Firmen reflektiert.

Es gibt gerade innerhalb der an den Neuen Märkten gehandelten Wachstumsbranchen der New Economy Unternehmen, die zwar dynamisches Umsatzwachstum zeigen, deren Ergebnisse aber gleichzeitig noch nicht einmal den Silberstreifen der Gewinnzone am Horizont erkennen lassen. Auch sie hatten wahre Kursexplosionen hinter sich.

Ein Beispiel ist der amerikanische Online-Retailer Amazon, der bei permanenten Verlusten in der Boomphase der TMT-Blüte an der Börse zeitweise mit einer Börsenbewertung von 40 Milliarden US-Dollar glänzte, obwohl er nur 3 Milliarden Umsatz aufweisen konnte. Vor solchen Titeln hüten sich versierte Anleger nach der Bauchlandung, die sie im Jahre 2000/2001 selbst mit der Crème de la Crème der Technologie, wie zum Beispiel Alcatel, Cisco, Nortel und Intel gemacht haben.

Sie waren alle sehr teuer geworden und anfällig für jede negative Aussage, für alle Ereignisse, die die Erwartung eines weiterhin stürmisch wachsenden Trends gefährden konnte. Und das geschah zwangsläufig im Umfeld der steigenden Zinsen, der Verteuerung der Energiepreise – sie hatten sich seit 1998 verdreifacht – und der am Ende deutlich einbrechenden Weltkonjunktur. Was Nokia mit allen Kollegen teilen musste, deren Aktienkurs sich im Verlauf der letzten Jahre vervielfacht hatte: Sie notieren nun wieder auf dem Niveau, das sie Anfang des Jahres 2000 erreichten, aber vielfach auch deutlich darunter.

Das Motto lautet für Engagements in TMT-Titel heute ausnahmslos: Quality first. Und das bedeutet unter anderem:

- **Neben stabiler oder dynamischer Umsatzentwicklung auch eine befriedigende Steigerung des Cashflows (selbst erwirtschafteter Mittelzufluss aus der betrieblichen Tätigkeit) und des Reingewinns.**
- **Ein vernünftiges Bewertungsniveau; Titel, deren KGV die Grenze von 30 überschreiten, sind grundsätzlich sehr genau zu prüfen.**
- **Ausreichende Eigenkapitalausstattung im Verhältnis zur Verschuldung.**

Sehr sensibel auf Konjunkturveränderungen reagiert im Besonderen die *Halbleiterindustrie*, in der jeweils Phasen der Knappheit mit solchen des Überangebots wechseln. Im Jahr 2000 hatte auch diese Branche den oberen Wendepunkt erlebt, als sie ein Marktwachstum von dreißig Prozent verzeichnete. Eine echte Abschwächung in der Nachfrage nach Chips trat erstmals im vierten Quartal auf. Sie löste in den USA bis Ende des Jahres einen Einbruch der Aktienkurse von rund fünfzig Prozent aus. Die schlechtere Auftragslage kann, wenn sie noch kaum deutlich erkennbar ist, wie üblich an der sinkenden Aktienkursperformance abgelesen werden.

Dennoch ist eines gewiss: Der Aufschwung in der Halbleiterindustrie ist ein Vorbote des Aufschwungs in anderen Tech-Bereichen. Diese Branche gilt als besonders zyklisch und reagiert genauso sensibel auf erste negative Zeichen im Wirtschaftsumfeld wie auf positive Silberstreifen am konjunkturellen Horizont. Somit ist sie ein vorlaufender Indikator. Sowie der Aufschwung beginnt, wird der Chip-Sektor für die Anleger meistens ein interessantes, zu verfolgendes Anlageziel.

Weltmarktführer auf diesem Gebiet sind, wie generell in

der Technologiebranche, vielfach in den USA zu suchen. Ich denke unter anderem an Applied Materials, den Spezialisten auf dem Gebiet der Maschinenherstellung für die Chipproduktion, der mit 9 Milliarden US-Dollar Umsatz heute dreißig Prozent des Weltmarktes abdeckt, ferner an Intel als Chipproduzent sowie Texas Instruments, einen führenden Produzenten für Mobilfunk-Chips.

Außerdem vergessen Sie bitte nicht, dass trotz der »dot.com-Krise« die spektakuläre Zukunft des Internet schon begonnen hat. Es entwickelt sich zur Kommunikationsebene des neuen Jahrhunderts und hat als weltumspannende Technologie enormes Wachstumspotenzial. Daraus folgt, dass den mit dem Internet verbundenen Branchenleadern auf lange Sicht an der Börse eine spektakuläre Zukunft beschieden sein sollte. Hier zeichnen sich drei Geschäftsfelder ab: Der Sektor *Hardware/ Equipment*, der Sektor *Software* und schließlich der Sektor *Dienstleistungen*, der über elektronische Plattformen von Bestellung von Waren und Produkten läuft.

Value contra Growth

Wir bleiben im Jahr 2000, das aufgrund seiner spannenden Konstellation an den internationalen Börsensegmenten in die Analen der Geschichte dieser Märkte eingehen wird. Was im Frühling 2000 geschah, war übrigens nicht normal, denn wir befanden uns inmitten einer anhaltenden Zinserhöhungsphase der internationalen Notenbanken. Solche Phasen sprechen eigentlich generell gegen den Kauf von Aktien. Da aber die Bewertungen der klassischen Standardtitel aus der Old Economy mit KGVs von unter 10 teilweise auf ein Ausverkaufsniveau gesunken waren, kam es zu einer Umschichtung und einer Spaltung des Marktes.

Das neue Stichwort war *Value* oder *Substanz*, ein Begriff, der in der Euphorie des vorangegangenen dynamischen Wachstums der so genannten TMT-Titel mit ihren teilweise schwindelerregenden KGVs (P/Es) von 100 und darüber ziemlich stark in Vergessenheit geraten war. Unter *Growth* reihen sich also die Vertreter der High-Tech-, Medien- und Telekombranche, aber auch der Biotechbranche ein. Sie zeichneten sich im damaligen Konjunkturaufschwung durch vehementes Umsatzwachstum aus und hatten vielfach die Gewinnschwelle noch nicht erreicht.

Value hingegen ist ein Prädikat, das fälschlicherweise oft allen Stocks (Aktien) zugeschrieben wird, die nicht den Wachtumstiteln angehören. Value-Anleger versuchen, im Gegensatz zu den Growth-Spezialisten, Unternehmen auszumachen, deren Börsenwert hinter dem Ertrags- oder Buchwert herhinkt. Value-Unternehmen sind in der Regel im Besitz von bedeutenden Immobilien- und Grundbesitzbeständen. Ihre Anlagen und Maschinen sind zusammen mit Grundbesitz und Gebäudewerten oft mehr wert als der mit Euro oder Franken bewertet Aktienkurs.

Ausschlaggebende Faktoren beim Value-Investment sind also der *Preis* und die *Bewertung* einer Aktie. Meistens haben die Titel, die in diese Kategorie fallen, im Vergleich zu ihrem Marktsektor ein sehr günstiges Bewertungsniveau.

Trotzdem ist nicht jede niedrig bewertete Aktie ein Value-Wert. Wichtig ist daneben die Frage, ob die Gesellschaft außer ihrer niedrigen Bewertung auch Aussicht auf gute Ertragslage hat. Wer in diese Titel investiert, hofft darauf, dass die Börse ihren Irrtum erkennt und den wahren Wert der Aktiengesellschaft mit der Zeit im Kurs honoriert. Bei Value-Titeln handelt es sich meistens um die Vertreter der Old Economy, die defensiven oder konservativen Charakter haben. Vielfach findet man übrigens unter den Vertretern der zyklischen Sektoren substanzstarke Titel. In Deutschland gehören etwa die Baufirmen Hochtief und Bilfinger und Berger dazu, in der Schweiz zum Beispiel die diversifizierte Technologiegruppe Sulzer.

Das Motto: Raus aus dem Wachstumssegment, rein in die risikoarme, stabile Substanz, war eine Strategie, die sich im Jahre 2000 ausgezahlt hat. Die Erklärung dafür ist leicht zu verstehen: Vor dem Hintergrund des steigenden Ölpreises und der weiteren geldpolitischen Restriktionen der Notenbanken wurde eine stärkere Verlangsamung des konjunkturellen Umfelds immer wahrscheinlicher. Damit kamen bei den Börsianern wieder Kriterien in Mode, die den Value ausmachen.

RAT

Vor dem Hintergrund niedrigeren Gewinnwachstums als in vergangenen Jahren werden diese Kriterien in der Zukunft für den Anlageerfolg vorrangig zu beachten sein: hohe Dividendenrenditen, günstiges Kurs-Gewinn-Verhältnis, vernünftige Börsenkapitalisierung der Aktiengesellschaft in Relation zu ihrem Umsatz.

Zykliker

Auch wenn sich eine Konjunkturaufschwungsphase ankündigt, ist es empfehlenswert, nicht wahllos irgendeine Aktie ins Depot zu nehmen. Sie sollten in der Lage sein, nicht nur die wachstumsstärkste Branche des aktuellen Konjunkturumfeldes, sondern auch die dazu gehörigen Weltmarktführer herauszufiltern. Dass das unter den Aspekten Produkt, Marktführerschaft und Bewertung führende Unternehmen dann wirklich die größten Gewinnchancen hat, ist zwar nicht unbedingt gesagt, aber dennoch kann die Selektion von Aktien, das so genannte *Stock Picking*, Erfolg bringen.

Generell werden Sie in einem Konjunkturumfeld, das von beschleunigendem Wirtschaftstempo und vorangegangenen Zinssenkungen charakterisiert ist, typische zyklische Werte bevorzugen. Dazu gehören zunächst beispielsweise *Stahl*, *Metalle*, *Erdöl* und *Transport*. Marktführer dieser Sektoren sind zum Beispiel die deutsche Stahlschmiede Thyssen, der kanadische Minenkonzern Western Mining, die aus der Fusion zwischen der französischen Pechiney und der Schweizer Alusuisse hervorgegangene kanadische Alcan, weiter natürlich der niederländisch-britische Ölmulti Royal Dutch oder die britische BP/British Petroleum sowie als europäischer Transport- und Logistikmarktführer der in der Schweiz domizilierte Spezialist Kühne&Nagel.

In der Phase einer weiter wachsenden Wirtschaft bei stabilen Zinsen werden die Sektoren beflügelt, die generell unter den ansteigenden Investitionen der Wirtschaft in langlebige Kapitalgüter wachsen – zum Beispiel *Maschinen* und *Nutzfahrzeuge*, *Immobilien*. Ein typischer Zykliker ist der US-Gigant General Electric, der unter anderem als Produzent von Triebwerken, Ausrüstungen und Kraftwerken auftritt, aber auch der deutsche Weltmarktführer MAN auf dem Gebiet der Nutzfahrzeuge. Parallel zu einer Wirtschaftsbelebung nimmt der Bedarf an produktiven oder technisch ausgereiften Maschinen oder Fertigungsanlagen ebenso zu wie die Nachfrage nach neuen Gebäuden für die Fabrikation und nach Räumlichkeiten für Büros und andere Lokalitäten. Aber auch der zyklische Konsum, wie Haushaltsgeräte und Autos, floriert.

Versierte Aktienanleger wissen, dass guten Zeiten magere Zeiten folgen. Als die führenden Notenbanken sich im Jahr 2000 mit stetem Anziehen der Zinsschraube bemühten, das weltweit auf hohen Touren laufende Wirtschaftswachstum zu bremsen, wurde die Ertragsdynamik der Unternehmen natürlich auch damit gebremst. Zuerst reagierten neben der Technologie zyklische Aktien der *Spezial-* und *Werkzeugmaschinenbauer*, weil die Nachfrage nach Ausrüstungsgütern eng mit dem Konjunkturverlauf gekoppelt ist. In flauen Zeiten werden die Investitionen in neue Produktionsmittel zurückgestellt, was unmittelbar auf Umsatz und Ertrag der Hersteller solcher Güter durchschlägt.

Defensive Aktien

Als Börsenfavoriten kristallisierten sich nun jene Unternehmen heraus, denen man »defensiven« Charakter attestiert. Gemeint ist damit die Resistenz einer Branche gegen konjunkturelle Verlangsamung. Zu deren Repräsentanten zählen *Pharma-*, *Nahrungsmittel-* und *Versorgungs*titel (Elektrizität), die in der Regel wenig oder überhaupt nicht auf eine Wirtschaftsabkühlung reagieren, weil ihre Produkte unabhängig vom Konjunkturzyklus immer gebraucht werden. Und so konnte man mit vielen Kandidaten dieser Industrien im Jahr 2000 gegen den allgemeinen Trend der Hauptbörsen richtig gut Geld verdienen.

Hätten Sie im Februar 2000, als Technologie noch »in« war, Nestlé zum Tiefkurs gekauft, so hätten Sie bis zum Ende des Jahres Ihren Einsatz rund verdoppelt. Wer in Deutschland Schering oder RWE im Portefeuille hatte, der konnte in einer Zeit, als die internationalen Börsen der Old Economy keinen Indexzuwachs auswiesen, einen Gewinn von immerhin achtzig Prozent verzeichnen. Doch im Jahre 2001 erfasste die zermürbende Länge des Konjunkturabschwungs, der so ausgeprägt kaum erwartet worden war, in gewissem Ausmaß auch die defensiven Titel. Die Gewinnerwartungen mussten heruntergeschraubt werden – und das tut der Kursentwicklung nicht gut.

Zinssensitive Aktien

Die zinssensitiven Aktien gewinnen zusehends Aufmerksamkeit in der Phase der konjunkturellen Talsohle. Wenn die Notenbanken Zinssenkungen zum Ankurbeln der Konjunktur vornehmen und weitere Zinssenkungen erwartet werden, beginnen die Investoren, sich von teureren anderen Werten abzuwenden. Ihre Aufmerksamkeit gilt dann vermehrt den billigeren zinssensitiven Titeln. Als zinssensitiv bezeichnet man Banken und Versicherungen, denn ihre bedeutenden eigenen Wertpapierbestände – ihre Nostro-Positionen – weisen aufgrund sinkender Zinsen größeres Kursgewinnpotenzial auf.

Besonders sensibel auf solche Szenarien reagieren in der Regel Versicherungen, denn diese Institute halten traditionell einen bedeutenden Prozentsatz ihrer Wertschriftenpositionen in Obligationen, bei denen sich sinkende Zinsen automatisch in Kursgewinnen niederschlagen. Letzteres hat dann unter anderem positive Auswirkungen auf die Erfolgsrechnung der Konzerne und sollte tendenziell zu einer guten Aktienkursperformance führen. Diese Regel trifft allerdings nur dann zu, wenn die Ertragsentwicklung der betreffenden Gesellschaften durch Zinssenkungen wirklich Aussicht auf Verbesserung hat. Als zinssensitiv gelten übrigens auch jene Branchen, die traditionell zu den großen Kreditnehmern gehören. So werden beispielsweise die Margen der Bau- und Immobilienfirmen, aber auch der hoch verschuldete Telekombranche, von sinkenden Zinsen und damit sinkenden Kapitalkosten entlastet. Natürlich stützt das die Aktienkurse nur dann, wenn die Konjunktur mitspielt –

das heißt, wenn die Auftrags- und Absatzlage nicht gleichzeitig einbricht.

Chancen und Risiken der Aktienanlage

Aktien als kurz- oder mittelfristige Anlage sind *Spekulation:* Man weiß nicht, ob man gewinnt oder verliert. Dagegen lässt sich feststellen, dass sie als langfristig gehaltene Investments in der Geschichte besser performt haben als festverzinsliche Werte (Obligationen). So konnte derjenige, der etwa vor zwölf bis vierzehn Jahren die große Zukunft des PC und der Software erkannte und 10 000 US-Dollar in Microsoft-Aktien investierte, daraus eine fantastische Wertvermehrung erzielen. Er mauserte sich zum Dollarmillionär, indem er seinen Einsatz verhundertfachte! Allerdings kommt es zumindest auf kürzere oder mittlerer Frist eben sehr auf das *Timing* an.

Wer beispielsweise 1973 in deutsche Aktien einstieg und diese während zehn Jahren – also bis 1983 – auf seinem Depot liegen ließ, verdiente mit Aktien nichts, konnte aber mit Obligationen sein Kapital rundweg verdoppeln. Wie wir später sehen werden, haben erstklassige Obligationen zum Beispiel auch in den Jahren 2000/2001 klar besser abgeschnitten als die Aktien, mit denen überwiegend Verluste gemacht wurden.

Risiken bergen Anlagen in Aktien auf kurze Frist also allemal. Weil man als Aktionär dem unternehmerischen Risiko seiner Gesellschaft voll ausgesetzt ist, muss man im schlechtesten Fall sogar einen Totalverlust (Konkurs der Unternehmen) seiner Investition einkalkulieren. Gerade das Jahr 2000 und die erste Hälfte des Jahres 2001 haben bewiesen, wie gefährlich es sein kann, zum falschen Zeitpunkt in Aktien und besonders in Titel falscher Branchen zu investieren. Anleger, die am höchsten Punkt des Booms der Neuen Märkte im Februar oder März des Jahres 2000 den Kursen hinterherliefen und noch eingestiegen sind, hatten im Sommer des darauf folgenden Jahres teilweise neunzig Prozent ihres Geldes verloren.

RAT

Unter keinen Umständen Geld in Aktien anlegen, über das kurzfristig disponiert werden muss, weil es für Unternehmen zwischen jeder Wachstumsperiode Stagnation, Rückschläge und Verluste geben kann! Gerade die Börsenjahre 2000/2001 haben bewiesen, wie gefährlich es sein kann, zum falschen Zeitpunkt in Aktien falscher Branchen zu investieren.

- **Weil man als Aktionär mit seinem Eigenkapital haftet, muss man eher als der Obligationär, dessen Kredit für die Firma Fremdkapital darstellt, mit einem *Totalverlust* seiner Investition rechnen.**
- **Für den *kurzfristigen* Erfolg an der Börse spielt das *Timing* – der Zeitpunkt vom Kauf und Verkauf – eine Rolle.**
- ***Langfristiger* Erfolg ist dagegen abhängig von der Qualität einer Aktie unter den Aspekten *Marktführerschaft*, *Gewinndynamik* und *Bewertung*.**

Wer gut schlafen will, kauft Bonds

Ganz entschieden vertrat mein Vater zu Beginn meiner Zeit als Anlageelevin Mitte der siebziger Jahre den Standpunkt, dass ich mich von Experimenten mit Aktien erst mal fernhalten solle. Verluste konnte ich mir auch gar nicht leisten, denn meine finanzielle Lage in dieser Zeit, in der ich meine ersten Sporen als Mitarbeiterin von *International Reports on Finance and Currencies* verdiente, war wenig komfortabel: Leider wurde ich in US-Dollar bezahlt, dessen Wert gegen Schweizer Franken ständig abglitt. »Sofort in Franken umtauschen!«, lautete daher die Order meines Vaters, die ich Herrn Thut, meinem freundlichen Bankbetreuer bei einer Privatbank in Zürich, soufflieren musste.

Ja – da lag nun das Geld sicher auf der Bank. Aber es arbeitete nicht. Im Klartext: Es gab für Guthaben äußerst wenig Zinsen. Die Schweizerische Nationalbank (SNB) unter ihrem Präsidenten Fritz Leutwiler hatte nämlich alle Hände voll zu tun, den riesigen Geldstrom, der sich wegen des Dollarverfalls in Richtung Europa und damit auch in Richtung Schweizer Franken (CHF) bewegte, abzuwehren.

Es war die klassische Situation, unter der der Franken mit seinem kleinen Geldmengenvolumen in turbulenten Zeiten immer wieder leidet: Wie bei einer Mokkatasse, die zu viel Liquidität aufnehmen muss und deshalb überschwappt, drückt die Masse des Zuflucht suchenden ausländischen Geldes den Wert des Franken gegen alle anderen Währungen, den Wechselkurs also, in die Höhe. Die Exportwirtschaft des Landes geht damit am Stock. Dass die SNB damals nicht zuletzt dem Kursanstieg des Schweizer Franken gegen die Währung des Haupthandelspartners Deutschland Einhalt bieten musste, ist verständlich. Schweizer Produkte wurden einfach zu teuer für den Verkauf in Deutschland.

Im Jahre 1978, als eine D-Mark in der Schweiz bis zum Herbst um gut zwanzig Prozent gefallen und nur noch 75 Rappen wert war, griff Leutwiler zur schärfsten Waffe, die je zur Bekämpfung eines zu starken Anstiegs einer Landeswährung gezogen wurde: Ausländische Anleger, die ihr Geld kurzfristig bei den Banken parkieren wollten, bekamen dafür nicht mehr die übliche Zinsgutschrift, die die Banken als Preis für die ihnen überlassenen Mittel bezahlen mussten, sondern sie wurden bestraft und mussten *ihrerseits* einen Preis dafür bezahlen. Auch für inländische Investoren, die im CHF-Raum lebten und »dachten«, war es schwierig, Blumentöpfe mit den schlecht rentierenden Frankenanlagen zu gewinnen.

Geldwerte: Ihre Vor- und Nachteile

Zu den Geldwerten gehören einerseits die kurzlaufenden Anlageinstrumente Festgelder, Treuhandgelder und Geldmarktfonds, andererseits die verschiedenen Formen der Obligationen. Im Gegensatz zu Sachwerten, deren Preisentwicklung von der Wertentwicklung des ihnen innewohnenden realen Vermögens wie zum Beispiel Gold, Immobilien oder eines Kunstobjektes abhängt, ist das Charakteristikum von Geldwerten, dass sie dem Anleger einen Zins ausschütten.

Der *Zins* repräsentiert den *Preis*, den Schuldner für das ihnen überlassene Geld zu zahlen haben. Ist der Zins hoch, ist die Aufnahme von Geld oder Kapital für die Schuldner teuer, ist der Zins niedrig, so ist das Geld für

den Schuldner billig, für den Investor (den Gläubiger) aber ist das niedrige Einkommen auf sein Kapital relativ uninteressant.

Für den Anleger ist also ein hoher Zins – vor allem ein hoher *Realzins* (Zinszahlung minus Inflationsrate) – attraktiv und anzustreben. Allerdings wird dieser Vorteil durch die Einkommensbesteuerung geschmälert, denn im Vergleich zum Kapitalgewinn, der in manchen Ländern (noch) nicht oder nach Ablauf der Spekulationsfrist nicht versteuert werden muss, werden Zinseinnahmen, die aus Obligationen oder Geldmarktanlagen entstehen, als Einkommen versteuert.

In den Augen meines Vaters war es eine der schlimmsten Sünden wider den Investorengeist, das Geld mit niedrigen oder gar ganz ohne Zinsen einfach nur herumliegen zu lassen. Wenn Sie fragen, was niedrige Zinsen bedeuten, sage ich Ihnen, was zu dieser Zeit – im Herbst 1978 also – eine Anlage in Regierungsanleihen durchschnittlich einbrachte: In der Schweiz lagen deren Zinsausschüttungen bei etwa 3,5 Prozent, sie brachten Neueinsteigern damit auf 1000 CHF Nominalwert 35 CHF Zinsgutschrift pro Jahr.

In Deutschland stellte sich die Lage mit 7,5 Prozent besser dar und in den USA mit neun Prozent geradezu traumhaft. Nun ließen die Zinssignale eindreiviertel Jahre später aber darauf schließen, dass die internationale Hochzinsphase bald eingeleitet werden würde. Im Dollar war das durchschnittliche Zinsniveau der Anleihen auf vierzehn Prozent angestiegen, in Deutschland weniger, aber selbst in der Schweiz kam die Fünf-Prozent-Grenze in Sicht. Weil Anleihen in ausländischer Währung deutlich höher als in Franken rentierten, konzentrierten wir uns auf US-Dollar, D-Mark und Holländische Gulden.

Bevor mir die Aufgabe übertragen wurde, die Anleihemärkte näher zu erkunden, unternahm mein Vater den Versuch, mir in diesem Zusammenhang gewisse Grundelemente sowie die Chancen und Risiken zu erklären. An einem heißen Sommertag trafen wir uns auf der Terrasse des »Waldhaus Dolder« zu einer Lektion über die Grundelemente festverzinslicher Wertpapiere.

Die Grundelemente der Bonds

»Du weißt doch«, begann er, »an den Börsen werden in erster Linie zwei Kategorien von Wertpapieren gehandelt. Da sind einerseits die Aktien – also Papiere, die eine Mitgliedschaft, ein Beteiligungsrecht verbriefen. Andererseits gibt es aber auch Papiere, die ihrem Besitzer ein Forderungsrecht gegenüber einem Schuldner verleihen. Diese Papiere nennt man im Englischen *Bonds*, auf Deutsch *Renten*, *Obligationen* oder *Anleihen*. Mit einer solchen Rente oder Obligation wollen wir uns heute beschäftigen.

Mit dem Kauf einer Obligation wird man nicht Miteigentümerin, sondern *Kreditgeberin (Gläubigerin)*.

Dein Schuldner ist der Herausgeber der Obligation, in der Fachsprache *Emittent* genannt. Das kann ein Staat sein, ein Bundesland oder eine Stadt, es kann aber auch eine Institution, wie zum Beispiel die Weltbank, oder ein Unternehmen sein oder eine Bank oder Hypothekenbank. (Hypothekenbanken geben Anleihen als Pfandbriefe heraus, die durch Hypotheken gesichert sind. Pfandbriefe stellen heute das größte Segment des deutschen Rentenmarktes dar.)

Sie alle brauchen in der Regel immer wieder Geld für die verschiedensten Zwecke. Wenn du einem Schuldner über den

Kauf einer Obligation Kredit für eine bestimmte Anzahl von Jahren – die *Laufzeit* der Obligation – gibst, dann hat er dir gegenüber zwei spezielle Verpflichtungen: Er garantiert dir erstens die regelmäßige Zahlung festgelegter Zinsen. Wie hoch diese sind, ersiehst du aus dem so genannten *Kupon*, der vor dem Namen des Schuldners in einer Zahl angegeben wird. Im traditionellen Sinn handelt es sich nämlich bei dieser Art von Wertpapieren um *festverzinsliche Anleihen*, obwohl es auch Renten ohne laufende Verzinsung, die so genannten *0-Kupon-Anleihen*, gibt.« (Heute gibt es unter anderem auch Obligationen mit variabler Verzinsung, so genannte Floater.)

»Zweitens muss dir der Schuldner die Rückzahlung des Betrages an einem bestimmten Datum garantieren. Weil die Höhe der Zinszahlungen und des Rückzahlungsbetrags den Investoren schon beim Kauf bekannt sind, gelten Renten von guten Schuldnern im Vergleich zu Aktien im Allgemeinen als weniger risikobehaftete Anlageinstrumente.«

Beispiel:
10 ¼ % Algemene Bank Nederland (ABN), Juli 1980 bis 1987, Ausgabepreis 100 % in Holländischen Gulden.

Der Kupon beträgt in diesem Fall 10 ¼ % und wird erstmals vom Schuldner, der Algemenen Bank Nederland, ein Jahr nach der Emission ausgeschüttet. Die Laufzeit beträgt sieben Jahre, in diesem Fall bis 15. Juli 1987.

So weit, so gut. Doch an dieser Stelle hob mein Vater seine Stimme, um die Bedeutung der folgenden Worte zu unterstreichen: »Trotzdem haben Renten genau wie Aktien neben ihren Chancen auch Risiken!« Das war mal wieder typisch für Paps – er sah stets Gefahren auf mich zukommen. »Erstens gibt es für Obligationen, genau wie für Aktien, *Kurse*. Allerdings werden sie normalerweise nicht in Franken, D-Mark oder US-Dollar etc., sondern in Prozent ausgedrückt.

Die Orientierungsgröße, in deren Nähe die Kurse der Obligationen bei ihrer Ausgabe aufgelegt werden, ist hundert Prozent. Das ist übrigens auch meistens der *Rückzahlungskurs*, der schon bei der Auflegung festgelegt wird!«

Mein Vater sah mich prüfend über seinen Brillenrand an: »Hier liegt der entscheidende Unterschied zu einer Investition in Aktien: Du kannst den Gewinn oder Verlust, den du erzielen wirst, beim Kauf höchstens erahnen, nie aber genau kennen. Auch Obligationen können während ihrer Laufzeit genauso wie Aktien täglich im Börsenhandel ge- und verkauft werden, und ihr Börsenkurs kann dabei ziemlich stark schwanken. Aber den Kurs, der am Ende der Laufzeit zurückbezahlt wird, kennst du schon beim Kauf. Er ist im Emissionsprospekt festgehalten und beträgt, wie gesagt, meist hundert Prozent. In der Fachsprache sagt man dazu auch *pari*. Es handelt sich dabei um den *Nominalbetrag* oder den *Nennwert*.«

»Hundert Prozent oder pari oder Nominalbetrag?«, fragte ich etwas verwirrt »Und was bedeutet das konkret?«

»Das ist doch ganz einfach«, bemerkte mein Lehrmeister. »Morgen rufst du Herrn Thut an und fragst ihn, zu welchem Kurs du die ›10 ¼ % Algemene Bank Nederland‹, die eine Laufzeit bis 1987 hat, kaufen kannst. Sag ihm, dass du nominal 10 000 Gulden willst. Egal, ob der Tageskurs an der Börse mit 95 Prozent, 98 Prozent, 100,5 Prozent oder 105 Prozent bezahlt wird – die Nominale von 10 000 Gulden sind 100 Prozent und damit jener Betrag, den dir der Schuldner am Ende der Laufzeit zurückbezahlen wird. Läge der Tageskurs bei 90 Prozent, müsstest du jetzt 10 Prozent weniger als 100 Prozent der Nominale bezahlen – das wären in diesem Fall 9000 Gulden.«

Mit bedeutungsvollem Blick hob mein Vater an dieser Stelle die Stimme: »Und weil du nominal 10 000 Gulden kaufen willst, wüsstest du, dass du bis zum Ende der Laufzeit

1000 Gulden Kursgewinn haben würdest. Kursgewinn ist Kapitalgewinn und deshalb steuerfrei.« (Heute gilt in Deutschland Steuerfreiheit für Kursgewinne bei Aktien und Anleihen erst nach Ablauf der Spekulationsfrist von einem Jahr; diese Spekulationsfrist gilt nicht für die Schweiz.)

»Er muss im Gegensatz zu den Kupons der Obligation nicht als Einkommen versteuert werden. Ist das klar?«

Da ich die Wohltat des Fiskus im Hinblick auf steuerfreie Kursgewinne bei Aktienanlagen schon kannte, nickte ich, und er fuhr sogleich fort: »Damit wären wir nach Rückzahlungskurs und dem Nominalwert beim dritten Element, nämlich dem *Zinskupon*. Als Entgelt für die Überlassung deines Kapitals erhältst du aus festverzinslichen Wertpapieren eine Zinszahlung, die in der Regel für die ganze Laufzeit festgelegt ist. Kupons zeigen die prozentuale Verzinsung der Anleihe auf den Nominalbetrag an. Sie sind damit das Entgelt, das du als Investor für die Überlassung deines Kapitals erhältst.

Die Höhe des Zinses wird von vielen Faktoren bestimmt. Sie richtet sich in erster Linie nach dem aktuellen Marktzinsniveau zum Zeitpunkt der Emission, das täglich für die repräsentativen Anleihen (Staatsanleihen) der verschiedenen Währungen in den Zeitungen veröffentlicht wird. Darüber hinaus weist der Kupon je nach Qualität und Laufzeit der Anleihe eine höhere oder niedrigere Verzinsung auf den Nominalwert aus. Im Klartext: Je schlechter die Finanzkraft – im Fachjargon *Bonität* – des Schuldners und je länger die Laufzeit deiner Rente ist, desto höhere Risikoprämien muss der Schuldner in Form eines deutlich über dem Marktzins liegenden Kupons zahlen. Es ist die Prämie oder Kompensation für die Unsicherheiten während der Laufzeit. Bei der Anleihe der ABN, die du morgen prüfen wirst, würde dir auf nominal 10 000 ein Kupon von 10 ¼ % und damit 1025 Gulden jährlich ausgeschüttet. Erstmals wird das am Ende des ersten Jahres nach der Emission, in diesem Fall im Juli nächsten Jahres sein.«

»Insgesamt erhalte ich bis zum Ende der Laufzeit im Jahre 1987 also noch siebenmal im Juli 1025 Gulden«, warf ich ein. Mein Vater nickte und seufzte: »Jawohl – und weil die Zinszahlung Einkommen repräsentiert, musst du darauf auch Steuern bezahlen.«

Er warf einen Blick auf die inzwischen im Abendsonnenschein unter uns liegende Stadt Zürich, zog seine Taschenuhr aus dem Jackett, stellte erleichtert fest, dass noch ausreichend Zeit bis zum Nachtessen war und fuhr fort: »Das Element Nummer drei, die Laufzeit der Obligationen, haben wir schon erwähnt. Meistens handelt es sich um eine Laufzeit ohne vorzeitige Rückzahlung. Sie kann bei Emission zwischen drei und fünfzehn Jahren liegen, sie kann zwanzig oder dreißig Jahre oder aber auch ewig dauern. Viele Obligationäre wissen gar nicht, was ich dir vorhin schon erklärt habe: dass die meisten Anleihen an der Börse gehandelt werden. Hier kaufst oder verkaufst du Obligationen mit einer Restlaufzeit, die den Zeitraum vom Tag des Kaufs bis zum Fälligkeitsdatum bezeichnet. Im Falle eines Verkaufs über die Börse stellt sich natürlich die Frage, ob du *über* oder *unter* deinem ursprünglichen Einstiegskurs verkaufen kannst.«

Das Timing

»Und wann fallen oder steigen die Kurse?«

»Das hängt entscheidend von der Zinstendenz am Kapitalmarkt ab. Fallende Zinsen im Markt bedeuten, dass die Obligationenkurse in deinem Portefeuille steigen, ein steigender Marktzinstrend bedeutet für deine Obligationen sinkende Kurse. Wenn das Zinsniveau am Markt gerade besonders niedrig ist, dann solltest du keinesfalls lange Laufzeiten wählen«, warnte mein Vater. »Die bringen zwar vergleichsweise höhere Zinsen als Kompensation dafür, dass du bereit bist, dem Schuldner über eine längere Phase Kapital zu leihen, aber merke dir: Du hast Verlustrisiken während der langen Laufzeit, wenn die Zinsen wieder einmal steigen sollten. Damit erleidest du zumindest auf dem Papier einen vorübergehenden Kurs- beziehungsweise Kapitalverlust. *Der beste Einstiegspunkt für Obligationen ist immer die Hochzinsphase*«, dozierte mein Herr Papa, woraufhin ich ihn mit der Frage konfrontierte, woran man die denn erkenne.

»Dies gehört zu den schwierigsten Themen der hohen Kunst der Kapitalanlage«, gab er zu. »Wenn du zum Beispiel die Entwicklung der Hypothekarzinsen in Deutschland betrachtest, so siehst du, dass sie seit Anfang 1979 bis jetzt von 6½ Prozent auf ungefähr 10 Prozent gestiegen sind. Das ist eine Folge der Erhöhung der Ölpreise. Zur Dämpfung der damit verbundenen Inflationsschübe erhöhten die Notenbanken die Zinsen. Sollten sie weiter steigen, könnte das Timing für den Kauf von Bonds bald einmal ideal sein. Dann gilt es, Renten mit langen Laufzeiten *(Langläufer)* auszusuchen und sich die hohen Zinsen langfristig im Portefeuille zu sichern. Da hohe Zinsen die Konjunkturentwicklung nach absehbarer Zeit dämpfen, kommt es auch zur Dämpfung der Inflationserwartung. Die abnehmende Teuerungsangst der Anleger führt zu verstärkten Obligationenkäufen und damit zu einer Verknappung des Angebots: Jeder will noch schnell vom hohen Zinsniveau profitieren, bevor die Zinssenkungsphase beginnt. Und was passiert am freien Markt, wenn das Angebot durch zu große Nachfrage immer knapper wird?«

»Die Preise steigen«, war meine Antwort.

»Richtig«, kommentierte mein Vater, »bei Obligationen wird größere Nachfrage bei gleichbleibendem Angebot also zu Kursgewinnen in einem Portefeuille führen. Da die Kuponzinsen auf festverzinsliche Anleihen während ihrer Laufzeit immer gleich bleiben, wird mit den steigenden Kursen die Rendite geringer.« Oft wird im Zusammenhang mit der Zinszahlung auch die *Rendite* genannt.

Während der Zins nur die laufend gutgeschriebene Vergütung ausdrückt, ist die Rendite der tatsächliche mit einer Anlage erwirtschaftete Gewinn oder Verlust. Sie berücksichtigt alle für den Ertrag wichtigen Einflussgrößen: *Zinsausschüttung – Laufzeit – Unterschied* zwischen *Kauf-* und *Verkaufspreis* beziehungsweise *Rückzahlungskurs*.

»Die Zinsen purzeln herunter. Langsam schwindet nun wieder das Interesse der Investoren zum Einstieg in immer weniger rentierende Anleihen, bei denen sich noch dazu bald Kursverluste abzeichnen werden – nämlich dann, wenn der Zinswendepunkt nach oben eingeleitet ist. *Der schlechteste Einstiegspunkt ist denn auch identisch mit dem Tiefpunkt der Marktzinsen.* In solchen Phasen musst du kurze Laufzeiten wählen. Wie schon erwähnt, Langläufer bergen als Folge steigender Zinsen die größten Kursverlustrisiken, jene mit kurzer Laufzeit haben generell besser überblickbare Risiken und bieten immer größere Kurssicherheit!«

Die Kurse der Obligationen orientieren sich an 100 Prozent (pari), fallen oder steigen also je nach Marktzinstendenz unter oder über pari. Diese Schwankungen führen dazu, dass sich die Rendite von vergleichbaren Papieren unabhängig vom Kupon stets auf dem jeweils gültigen Marktniveau befindet.

Die Bonität

Zu guter Letzt kam mein Vater auf den Begriff der *Bonität* zu sprechen. »Dieser Ausdruck bezieht sich auf die *finanzielle Stärke* der Schuldner. Im Mittelpunkt steht in diesem Zusammenhang die Frage, ob er in der Lage sein wird, die Zinsen fristgerecht zu zahlen und die Rückzahlung zu garantieren.«
Für meinen Vater hatte die Bonität befriedigend, aber nicht durchweg erstklassig zu sein. »Schuldner aller erster Sahne, wie zum Beispiel die Länder Schweiz, Deutschland oder die USA, sind über jeden Zweifel erhaben. Du brauchst dir bei solchen Emittenten keine Sorge wegen ausfallender Kuponzahlungen oder Schwierigkeiten bei der Rückzahlung zu machen. Dafür müssen wir Anleger weniger Rendite als von den unsicheren Kantonisten in Kauf nehmen.«
Trotz leichter Ermüdung und Konzentrationsschwäche versuchte ich, die Situation nachzuvollziehen, was nicht so einfach war. »Woran erkennt man denn, wie gut die Schuldnerqualität ist, wenn man nicht gerade Regierungsanleihen kauft?«, warf ich ein.
Mein Vater zeigte sich erfreut: »Gute Frage, mein Herz. Der einfachste Vergleichsmaßstab ist immer die aktuelle Rendite der korrespondierenden Staatsanleihen. Wenn du jetzt im Hollandgulden die ABN-Anleihe mit siebenjähriger Laufzeit aufs Korn nimmst, dann schau in der Zeitung nach, welche Renditen holländische Staatsanleihen mit derselben Laufzeit abwerfen. Du kennst ja die Regel: *Je höher die Rendite, desto höher das Risiko*. Merk dir deshalb: Wenn die Rendite deines Anlageobjektes deutlich über jener vergleichbarer Staatsanleihen liegt, dann solltest du dich da raushalten! Und noch etwas: Die meisten internationalen Anleihen werden von den großen amerikanischen Ratingagenturen benotet. Die Benotung wird regelmäßig kontrolliert und gegebenenfalls neu festgelegt.«

Bondratings messen die Wahrscheinlichkeit pünktlicher Bedienung der Zinsen und Rückzahlung des Kapitals. Ein Rating von Triple A – also AAA – zeigt an, dass die Voraussetzungen dafür erstklassig sind, ein AA oder Double A gibt Zeugnis von starker Zins- und Rückzahlungsfähigkeit, ein Single A bedeutet, dass die Zahlungsfähigkeit durch Veränderungen der Konjunktur und der Branche beeinträchtigt werden könnte, während ein Triple B mit »Investmentgrade« tituliert wird, also noch ausreichende Zahlungsfähigkeit bezeichnet. Titel mit einem einfachen B- oder C-Rating haben hingegen hoch spekulativen Charakter, und bei Obligationen mit D-Rating ist der Schuldner mit Zinszahlungen im Verzug.

»Du kannst Herrn Thut morgen gleich nach dem Rating für deine ABN-Anleihe fragen.«

Zum Schluss musste ich eine Kontrollfrage über mich ergehen lassen: »Warum haben Renten mit kurzer Laufzeit die größte Kurssicherheit?«

Mir begann das Thema zu stinken. »Keine Ahnung, und überhaupt brummt mir der Kopf!«, entgegnete ich.

»Wie lautet der Rückzahlungskurs einer Obligation fast immer?«, baute mein Vater geduldig die Brücke.

»Ach so – du meinst, weil Bonds in der Regel am Ende der Laufzeit zu hundert Prozent zurückbezahlt werden, ist die Kursentwicklung bei kurzen Laufzeiten weniger Schwankungen unterworfen. Die sind ja schneller wieder bei hundert Prozent.« Ich warf meinem Vater einen schrägen Blick zu. Ob der wohl bemerkt hatte, wie professionell ich den anglo-amerikanischen Ausdruck Bonds in die Diskussion geworfen hatte?

Paps schmunzelte und nickte zufrieden: »Genau. Und das ist auch die Attraktion bei Obligationen – egal, zu welchem Kurs du sie kaufst, du kennst den Rückzahlungskurs am

Ende der Laufzeit, wenn die Bonität des Schuldners, die man überwachen muss, stimmt. Deshalb lautet ein altes Sprichwort: *Wer gut schlafen will, kauft Obligationen!*«

Aktionäre und Obligationäre dürfen nicht in den gleichen Topf geworfen werden. *Aktionäre sind Eigenkapitalgeber.* Sie nehmen mit ihrem Stimmrecht direkt Einfluss auf die Unternehmensstrategie. *Obligationäre* sind hingegen *Fremdkapitalgeber.* Ihre Ansprüche werden im Konkursfall einer Gesellschaft vorrangig bedient.

Die Emission

Das Gespräch mit Herrn Thut am nächsten Vormittag führte zu folgendem Ergebnis: Der Kurs der 10 1/4 % ABN lag sichtbar unter 100 Prozent, nämlich bei 93 Prozent. »Wir müssten«, sagte Herr Thut, »allerdings dem Verkäufer der Anleihe auf die Nominale noch *Stückzinsen* bezahlen.« Das seien die Zinsen, die gleich nach Emission (Ausgabe) einer Anleihe bis zum Kuponzahlungstermin ein Jahr später auflaufen. Bei dieser Anleihe betrugen sie auf das Jahr gerechnet 1025 Gulden, aber da erst vier Wochen seit der Emission vergangen waren, betrug der zu bezahlende Betrag der Stückzinsen nur den Monatsanteil vom Jahresbetrag, nämlich 1025 geteilt durch zwölf, in diesem Fall rund 85 Gulden. »Der heutige Besitzer der ABN-Anleihe hat als Verkäufer das Recht auf Vergütung der bis jetzt aufgelaufenen Stückzinsen durch den Käufer«, erklärte Herr Thut.

Mein Vater war begeistert und lächelte, als er den aktuellen Kurs unseres Kaufkandidaten hörte. Er hatte es im Voraus geahnt, denn ähnlich wie auch für D-Mark-Anleihen waren die Renditen für Gulden-Anleihen seit Mitte Juli, dem Emissionsdatum der Obligation, um rund ein Prozent gestiegen. Im Falle einer Neuemission würde die ABN ihre Obligationen mit gleicher Laufzeit nun, nur einen Monat später, mit einem Kupon von 11 1/4 Prozent ausstatten müssen. »Sonst wäre die Emission nicht marktgerecht ausgestattet und hätte keine Abnahmechancen bei den Investoren.«

»Aha«, sagte ich, weil mir ein Licht aufging, »und die Kupon-Differenz zwischen den Neuemissionen und den an der Börse gehandelten alten Anleihen wird durch die Kurse ausgeglichen?«

»Ja«, war die Antwort, »sie wird durch über hundert Prozent steigende beziehungsweise darunter fallende Kurse angepasst. Ein einprozentiger Anstieg der Marktzinsen bedeutet im Fall unserer Anleihe mit einer Laufzeit von sieben Jahren, dass du sieben Prozent billiger einsteigen kannst. Im Klartext: Für jedes noch laufende Jahr musst du etwa ein Prozent weniger als hundert Prozent bezahlen.[4] Durch die Kursschwankungen pendeln sich die Renditen aller Obligationen gleicher Bonität und gleicher Laufzeit auf ähnliches Niveau ein. In diesem Fall würden wir bis zum Ende der Laufzeit rund sieben Prozent Kursgewinn erhalten. Das sind«, bemerkte mein Vater mit dem spitzen Bleistift rechnend, »immerhin 700 Gulden auf den Nominalwert von 10 000. Pro Jahr ein Prozent!«

Dass bei der Ausgabe (Emission) von Renten außer den Schuldnern auch noch die Banken als deren Berater eine Rolle spielen, lernte ich später vom besten Kenner der Materie, der gleichzeitig das Gras an der Frankfurter Börse

---

4 Diese Berechnung verzichtet auf mathematische Genauigkeit.

wachsen hörte. Dass Profis ihm den Kosenamen »Renten-Meyer« gegeben haben, ist bezeichnend, ist damit doch gesagt, was diesen Banker fachlich auszeichnet: Leidenschaft zu seinem beruflichen Metier.

»Zur Abwicklung einer solchen Geldaufnahme bedient sich der Emittent in der Regel einer federführenden Bank«, schärfte er mir ein. »Sie wird in der Kapitalmarktsprache *Lead-Manager (Konsortialführer)* genannt und unterstützt den Emittenten bei der Findung marktgerechter Konditionen der Schuldverschreibung, wie zum Beispiel der Festlegung des Zinssatzes. Damit man weiß, wie hoch das Volumen des aufzunehmenden Fremdkapitals sein kann, ohne dass der Kurs der geplanten Obligation gleich einbricht, muss das führende Emissionshaus aber auch die Aufnahmefähigkeit des Marktes abklären und das Interesse an der Anleihe bei institutionellen Kunden ausloten. Fällt die Marktabklärung positiv aus, beginnt der Lead-Manager mit der Bildung von so genannten *Emissions-Syndikaten*. Das heißt, andere Banken werden eingeladen, sich mit einer Quote, die sie für ihre Kunden übernehmen, am Verkauf der Anleihe – sprich *Platzierung* – zu beteiligen. So war es in den achtziger Jahren, und daran hat sich bis heute wenig geändert.«

Geändert hat sich allerdings die Usance bei der *Zeichnung* für die Anleger. In meiner frühen Zeit als Anlageelevin kaufte ich noch nach dem klassischen Zeichnungsverfahren. »Wie lange läuft die Zeichnungsfrist?« und »Wie ist der Emissionskurs?«, waren meine Standardfragen. Ich konnte also innerhalb einer bestimmten Frist einen Betrag zum Kauf der Anleihe angeben, die dann genau zum vorher festgelegten Kurs – ungefähr bei hundert Prozent – ohne Kommissionen *liberiert* wurde.

Die *Liberierung* ist die *Bezahlung* der auf den Markt kommenden, zugeteilten *Wertpapiere*.

In mancher Hinsicht ist mit der zunehmenden Technologisierung und Liberalisierung in der vergangenen Dekade ein tiefgreifender Wandel eingetreten. Zwar legen die meisten Konsortialführer im Zuge einer Anleihelancierung immer noch eine Zeichnungsfrist fest, aber die Wirkung ist eher bescheiden. Im Grunde signalisiert die Frist oft nur noch, wann der Handel der Obligation vom *Primärmarkt* in den *Sekundärmarkt* übergeht, wann also vom Telefonhandel in den elektronischen Handel an der Börse gewechselt wird. Im Unterschied zu früheren Jahren gibt es vielfach keine festgelegten Emissionspreise mehr, sondern der Käufer bezahlt im Primär- wie im Sekundärmarkt Marktpreise. Die allgemeine Regel »Angebot und Nachfrage« ist entscheidend dafür, ob das Kursniveau unter hundert Prozent sinkt oder über hundert steigt.

Der wichtigste Unterschied zwischen Primär- und Sekundärmarkt betrifft heute die Erwerbskosten. So muss im Primärmarkt vor der Liberierung nicht in allen Fällen eine Provision bezahlt werden, zuweilen ist sie verhandelbar. Einige Banken verzichten grundsätzlich auf die Erhebung einer Kommission, wenn aus Zeichnung gekauft wird. Sobald aber aus dem Sekundärmarkt gekauft wird, ist die Kommission nicht mehr verhandelbar.

Sie ist bei deutschen Banken auf 0,5 Prozent der Kaufsumme festgelegt, in der Schweiz kostet die Gebühr bei Kaufsummen bis 50 000 CHF etwa 0,8 Prozent vom Kurswert, bei kleineren Summen mehr, bei größeren tendenziell weniger. Für den Kauf ausländischer Obligationen im Ausland, zum Beispiel eine US- Obligation in US-Dollar, kommen fremde Gebühren hinzu, die deutlich unter den Provisionsansätzen für inländische Obligationen liegen.

Chancen und Risiken der Obligationen

Das Engagement in Festverzinslichen funktioniert für die meisten Anleger nach einer einfachen Spielregel: Sobald eine Obligation mit einem möglichst attraktiven Kupon ausgewählt und gekauft ist, braucht man sich nur noch an den periodischen Zinsausschüttungen zu erfreuen und den Rückzahlungstermin abzuwarten. Nur zu oft wird mit dieser *buy-and-hold*-Strategie aber vergessen, dass auch Obligationen während ihrer Laufzeit Risiken ausgesetzt sind, die den Wert des Papiers im Zeitablauf verändern.

Für den Investor bergen Risiken aber immer auch Gewinnchancen. Ausnutzen kann man diese allerdings nur mit einem aktiven Anlagemanagement; das heißt, dass eine Obligation nicht bis zum Ende der Laufzeit gehalten wird.

Auch wenn sich die Obligationenrenditen stets an das herrschende Marktniveau angleichen, kann sich für den Investor eine Umschichtung im Portefeuille lohnen. Wer beispielsweise eine hochverzinsliche Obligation im Portefeuille hält, kann in allfälligen Tiefzinsphasen durch den Verkauf vor Ende der Laufzeit einen stattlichen – und gleichzeitig steuerfreien – Kursgewinn verbuchen, insbesondere dann, wenn der Kurs deutlich über hundert Prozent liegt. Der Erlös aus dem Verkauf lässt sich in eine zwar tiefer verzinste, aber auch kursmäßig billigere Obligation investieren.

In der Praxis gelten für Bondanleger folgende Regeln:

- ***Laufzeit:* Je länger die Laufzeit, desto höher meist die Rendite, aber desto größer die Kursschwankungen.**
- ***Inflation* führt zu steigenden Renditen in den Obligationen und damit zu Kursverlusten. Demnach bewirken steigende Zinsen tiefere Kurse und damit höhere Renditen und fallende Zinsen stets steigende Bondkurse und niedrigere Renditen.**

- *Timing/Zinstendenz:*

1. Langläufer

Der günstigste Zeitpunkt für den Kauf von Langläufern ist der Höchstpunkt des Zinszyklus, also in der Regel die Phase nach dem Eintauchen der Konjunktur in eine Abkühlungsphase; der günstigste Zeitpunkt zum Verkauf von langlaufenden Obligationen ergibt sich am Tiefpunkt der Zinsen, bevor inflationäre Erwartung zu einem erneuten Zinsanstieg und damit zu Kursverlusten der Titel führt.

2. Kurze Laufzeiten

Zeichnet sich ein Zinsanstieg ab, sollten Obligationen mit kurzer Restlaufzeit gekauft oder Anlagen im Geldmarktbereich getroffen werden. Wer dagegen einen starken Zinsrückgang erwartet, deckt sich mit »Langläufern« ein.

- Problem der *Versteuerung* der *Stückzinsen:* Weil jeder Zinsertrag als Einkommen taxiert wird, bevorzuge ich Obligationen mit niedrigen Kupons. Achten Sie darauf, dass der Kuponzahlungstermin möglichst kurz vor Ihrem Kaufdatum liegt, denn die ausgezahlten Kupons müssen Sie für das gesamte Jahr rückwirkend als Einkommen versteuern, auch wenn es für Sie teilweise eine Ausgabe war.
- *Bonität* regelmäßig unter Beachtung der Ratings überprüfen. Das gilt heute mehr denn je.
- *Länderrisiko:* Darunter versteht man vor allem die wirtschaftliche Stabilität eines Landes – alle asiatischen und lateinamerikanischen Staaten, aber auch jene Zentral- und Osteuropas haben für ihre Schuldtitel einen erheblichen Renditenvorsprung gegenüber den OECD-Staaten, weil sie Milliarden US-Dollar Schuldenpakete aufnehmen mussten und

sie aufgrund ihrer schlechteren monetären Versorgung für Investoren unsicher sind.

Die Kursbewegung und damit die Rendite einer Obligation hängt also nicht nur von der Zinsbewegung am Markt ab, sondern auch von Veränderungen der Schuldnerqualität. Verschlechtert sich die Bonität eines Schuldners im Zeitablauf, genügt der ausbezahlte Kupon der ursprünglich angenommenen Schuldnerqualität nicht mehr. Um einstiegswillige Investoren zu bekommen, muss der Kurs der Anleihe billiger werden (Zinsanstieg).

Die Schuldnerqualität kann sich aber während der Laufzeit auch verbessern. In diesem Fall erhält der Anleger, gemessen an der Marktrendite vergleichbarer Schuldner, einen zu hohen Kupon. Der Kurs des Papiers wird so lange steigen, bis sich die Rendite auf das Niveau von Emissionen vergleichbarer Schuldner eingependelt hat.

- *Währungen:* Kauft ein Anleger über Fremdwährungen lautende Obligationen, muss er einkalkulieren, dass die Devisenkurse erheblichen Veränderungen unterliegen können. Der Reiz für den Anleger liegt in der höheren Verzinsung der meisten Auslandsobligationen. Hier aber liegt auch das Risiko, denn der Wechselkursverlust kann über die Laufzeit größer sein als die höhere Rendite der Obligationen in ausländischen Währungen.
- *Vorzeitige Kündigungsklauseln* beim Kauf alter Anleihen über die Börse beachten: Ein hoher Anteil aller Rückzahlungen von Obligationen entfällt in Perioden der Zinssenkung gewöhnlich auf Kündigungen vor Ende der Laufzeit, wenn dies im Emissionsprospekt festgehalten wurde.
- *Liquidität:* Je illiquider ein Papier ist, desto größer

sind die Kursausschläge – eine Tatsache, die den Kauf oder Verkauf solcher Titel in größeren Beträgen unter Umständen gefährlich macht. Investoren können in diesem Fall nur mit großen Kurskonzessionen handeln.

Bei Durchsicht der genannten Regeln fällt auf, dass die Risiken der Obligationen komplexer sind, als sie von meinem Vater in der ersten Lektion dargestellt wurden. Einige der Verlustrisiken, denen wir in der täglichen Praxis ausgesetzt sind, möchte ich Ihnen näher darlegen.

Da ist zunächst das Inflationsrisiko, das schon erwähnt wurde. Steigende Inflation, so könnte man als Fazit sagen, führt zu steigenden Renditen und damit bei ausstehenden Obligationen zu Kursrückgängen. Und was des Obligationenbesitzers Leid, das ist des liquiden Investoren Freud: Letzterer kann dann nämlich zu billigen Kursen kaufen. Doch hat steigende Teuerung einen unangenehmen Effekt bei der Rückzahlung eines auslaufenden Wertpapiers: Der Wert des nun auf dem Konto des Anlegers verbuchten Nominalbetrages ist im Falle inflationärer Tendenzen nicht mehr das, was er beim Kaufdatum der Obligation darstellte. Unter dem Aspekt der Kaufkraft ist er geringer geworden.

Bedenken Sie: Zwischen 1980 und 1990 wurde die Kaufkraft von einer Million DM unter dem Einfluss einer im Schnitt bei 2,84 Prozent p. a. liegenden Teuerung um runde 25 Prozent gemindert. Was das für Obligationäre bedeutet? Das heißt, dass Sie sich als Investorin, die 1980 eine Obligation mit zehnjähriger Laufzeit im Nominalwert von 100 000 DM kauften, im Jahre 1990 bei deren Rückzahlung angesichts der Geldentwertung der zurückliegenden Jahre nur noch Anschaffungen im Wert von 75 500 DM machen konnten. Allerdings sind Sie ja in den Genuss der jährlich ausgeschütteten Zinsen gekommen. Im Falle eines Zinskupons von acht Prozent wären es zum Beispiel achtzig Prozent Zinsen über zehn Jahre gewesen. Eine Anlage dieser Art hat unter dem Strich auch nach Abzug der Inflation und Steuern noch einen Ertrag abgeworfen.

Langfristige Euro-Anleihen*	**Zinsen (Kupon) in Prozent**	**Renditen in Prozent**	**Kreditrating Standard & Poor's**	**Moody's**
BRD	5 1/4	4,84	AAA	Aaa
ING (Finanzkonzern, NL)	6 1/8	5,56	AA	Aa
Ford (Automobilhersteller, USA)	6 1/4	6,47	A	A
Marconi (Telecom-Anbieter, UK)	6 7/8	6,90	BBB	Baa
	High Yield Bonds			
KPN Qwest (Breitbandnetze, NL)	8 7/8	9,68	BB	Ba
Callahan (Kabelnetzwerke, D)	14	19,00	B	B
Jazztel (Telecom, E)	14	19,00	CCC	C

* Beispielhafte Auswahl von Bonds verschiedener Ratingkategorien mit einer Laufzeit von acht bis zehn Jahren.

Erklärung der Tabelle: Je schlechter die Schuldnerqualität, desto höher die Zinsen und Renditen. Ein Vergleich zwischen der Rendite der Bundesrepublik Deutschland, die mit einem AAA-Rating versehen ist und als Messlatte (Benchmark) für erstklassige Euro-Anleihen gilt, mit der Anleihe der mit einem C gerateten »Jazztel« zeigte im Frühling 2001 eine Differnz (Spread) von 14,16 Prozent zugunsten der »Jazztel«.

Die Wandelanleihe – ein Zwitterwesen für volatile Börsenphasen

In einem meiner ersten Seminare referierte ein Analyst über Wandelanleihen. Schon nach kürzester Zeit begann die anwesende Damenschar zu gähnen. Nun ja – auch mir fiel auf, dass der Vortrag zu theoretisch gehalten wurde. Am zweiten Tag des Seminars bekam ich die Bestätigung: Meine Zuhörerinnen wünschten eine Wiederholung. Ich nahm ein Stück Kreide zur Hand und malte zwei Luftballons, die am unteren Ende miteinander verbunden waren, auf die Wandtafel: »Wandelanleihen sind eine Art Zwitter: *halb Obligation*«, ich deutete auf den linken ovalen Kreis und dann auf den rechten, »*halb Aktie*. So wie die festverzinsliche Obligation besitzt die Wandelanleihe einen Nominalwert, auf den einmal pro Jahr ein fester Kuponzins bis zum Ende der Laufzeit bezahlt wird. Auch der Rückzahlungsbetrag wird meistens zu hundert Prozent erstattet.

Ein Wandler unterscheidet sich von reinen Obligationen aber dadurch, dass mit ihm ein Bezugsrecht für Aktien verbunden ist. Dem Obligationär wird das Wahlrecht überlassen, das heißt, der Gläubiger kann anstelle der Rückzahlung des Schuldbetrags die Wandlung in Aktien zu bestimmten Terminen im festgesetzten Verhältnis zum Nominalbetrag verlangen. Wenn Sie zum Beispiel als Investorin dieses Recht in Anspruch nehmen, stellen Sie der betreffenden Gesellschaft nicht mehr Fremdkapital zur Verfügung, sondern Eigenkapital. Übrigens muss es sich bei den zu beziehenden Aktien nicht zwingend um die eigenen Titel des Schuldners handeln, sondern es können mit der Anleihe auch Aktien verbunden sein, die nicht identisch mit der Gesellschaft des Schuldners sind. Fest steht jedenfalls, dass mit der Realisierung des Bezugsrechtes der Obligationenanteil verfällt.«

Als ich mich etwas unsicher nach einem Echo suchend in der Runde umschaute, sah ich verständnisvolles Kopfnicken. »Noch Fragen dazu?« Zuerst Schweigen, dann mehrere Stimmen auf einmal: »Und wann soll man sein Wandelrecht ausüben? Und warum sollte ich mich für diesen umständlichen Prozess entscheiden? Ist es nicht weniger kompliziert, nur in das eine oder das andere Instrument zu investieren?«

Ich erwiderte: »Aus der Sicht der Anleger mag einerseits das im Vergleich zu Festverzinslichen deutlich niedrigere Zinskuponniveau steuerlich interessant sein, aber die Attraktion dieser Instrumente liegt darin, dass die Wandelobligation in Zeiten volatiler Aktienbörsen Verzinsung plus vergleichsweise größere Kurssicherheit bietet. Schließlich kennt man den im Emissionsprospekt festgehaltenen Rückzahlungskurs, wenn die Bonität des Schuldners stimmt. Dreht der Markt zugunsten der Aktien, hat der Investor sofort die Chance, sein Wandelrecht auszuüben. Außerdem generieren die Wandler oft eine bessere Rendite als eine je zur Hälfte in Aktien und Renten investierte Summe.

Bedenken Sie auch die Sicht des Schuldners. Er kann durch die Emission einer solchen Wandelschuldverschreibung billiger Kapital aufnehmen als bei so genannten *Straight Bonds* (festverzinsliche Anleihen), die kein Wandelrecht beinhalten. Die auf Wandelschuldverschreibungen zu bezahlenden Kuponzinsen liegen schließlich manchmal mehr als fünfzig Prozent unter dem geltenden Marktzinsniveau vergleichbarer Festverzinslicher.[5] Wer zu dieser Investition schreiten will, muss die *Wandelprämie* kennen. Sie beziffert den Prozentsatz, um den die Aktie teurer wäre, wenn Sie sie über die Wandelanleihe kaufen.

---

5 Die Steuerregelung ist kompliziert und von Land zu Land verschieden.

Fiktives Beispiel für eine Wandelprämie:

Der deutsche Elektrizitätsversorger RWE kommt mit einer Wandelanleihe auf den Markt. Der aktuelle Börsenkurs von RWE liegt bei 45 Euro, der festgelegte Wandelkurs bei 55 Euro. Die Wandelprämie in Prozent: Differenz zwischen 45 und 55 Euro = gut 20 Prozent.

Die Höhe der Wandelprämie beeinflusst die Kurstendenz der Wandelobligation. Je deutlicher zum Beispiel der Börsenkurs der Aktie *unter* den Wandelkurs sinkt, desto höher wird die Prämie. Würde in unserem Beispiel der Marktkurs der RWE deutlich unter 45 Euro sinken, so nehme die Wandelanleihe damit immer mehr den Charakter einer festverzinslichen Obligation an. Kein Anleger würde sich dazu hinreißen lassen, die Wandelobligation in so einem Fall gegen die Aktie zu tauschen. Er würde mit dem niedrigen Börsenkurs ja gleich einen Kapitalverlust verbuchen, nämlich die Differenz zwischen dem höheren Wandelkurs und dem tatsächlich verbuchten Aktienkurs. Umgekehrt beeinflusst ein deutlich *über* den Wandelkurs steigender Börsenkurs der zugrunde liegenden Aktie den Kurs der Wandelanleihe positiv. Die Anleihe nimmt jetzt Aktiencharakter an.«

Zu guter Letzt gab ich meinem Auditorium noch eine Botschaft mit auf den Weg, die sich jede Anlegerin vor der Entscheidung hinter die Ohren schreiben sollte: »Doch prüfe, wer sich bindet, ob Branche, Unternehmen und Bewertung der mit einer Wandelanleihe verbundenen Aktien auch für die Zukunft stimmen!«

Wer pausieren will, bleibt in Cash!

Mitten im großen Crash von 1987 begegnete mir einer der eigenwilligsten und angesehensten Generaldirektoren der damaligen Schweizerische Kreditanstalt, heute Credit Suisse Group (CSG) in Zürich auf der Straße: »Holen Sie Ihr Geld von der Bank und legen Sie es unter Ihr Kopfkissen. Keine Bank wird mehr sicher sein!«, rief er mir zu.

Ich staunte und dachte insgeheim: »Will er zum Bankrott seiner Bank beitragen? Wenn alle ihre Kundendepots abziehen, kann es ja lustig werden in der Schweizer Großbankenszene.« Immerhin – die unverblümten Worte aus dem Munde eines Mannes, der es wissen musste, den man in London sogar wegen seiner großen Verdienste »Mr. Euromarket« getauft hatte, waren für eine Journalistin ein gefundenes Fressen.

Ich reagierte sofort mit folgendem Telex an meinen Chefredakteur: »Das Geld unter der Matratze oder im Strumpf – das ist die klassische Form des Cash. Sie allein bedeutet Sicherheit, die ansonsten mit Blick auf den aktuellen internationalen Börsensturz von dreißig bis vierzig Prozent von den Schweizer Banken-Gnomen in Frage gestellt wird. Der Preis: keine Rendite!«

Retrospektiv lässt sich feststellen, dass Gott sei Dank ja meistens nichts so heiß gegessen wird, wie es gekocht wird. Die Prognose erwies sich, wie wir bald erfahren durften, als falsch. Die SKA steht als Credit Suisse in ihrer ehrwürdigen

Gründerzeit-Pracht immer noch am Zürcher Paradeplatz, und keiner ihrer Kunden muss auch nur im Traum eine Schieflage seiner Hausbank befürchten.

Auf Sicherheit bedachte Banker raten ihren Kunden oder Freunden in unruhigen Zeiten, aber auch heutzutage, das Geld »einfach liegen zu lassen«. Hand aufs Herz, meine Damen – finden Sie nicht auch, dass *Kapitalerhalt* ohne oder mit nur minimalen Zinsen besser ist als *Kapitalverlust*? Letzterer war nach Meinung einer mir befreundeten Kapitalanlagefachfrau Anfang Januar 2001 durchaus in der Pipeline. Sie schickte mir folgende Anfrage einer Bekannten aus ihrer Mailbox:

»Zurzeit schneien alle Bankpapiere ins Haus – darf ich dich dazu etwas fragen? Ich habe so ca. 20 000 Franken auf der Bank, das ist mein ›Vermögen‹ – nicht lachen! – auf einem Sparkonto. Mache nie etwas damit, weil ich auch denke, vielleicht brauche ich's mal für Krankheit, neues Auto etc. Nun ist aber der Zins auf einem Sparkonto wirklich nicht sehr interessant. Was würdest du an meiner Stelle tun? Anlegen? Aktien etc.? Oder die Hypothek zurückzahlen? Oder fürs Alter sparen? Aber wie, dass es mehr bringen würde als auf dem Sparkonto? Andere fragen sehr wahrscheinlich eher wegen 20 Millionen, aber ich weiß, dass du auch im kleinen Rahmen denken kannst.«

Und die Antwort der Expertin:

»Mir macht die Arbeit momentan keinen Spaß, denn die Welt des Geldes muss wohl gründlich überdacht werden, und da kann man nichts ausschließen – weder die Politik, die alte Wirtschaft, die neue Wirtschaft (sprich: Technologie) noch die seit gut zwanzig Jahren verfolgte Strategie vom Nord-Süd-Dialog, der genau das Gegenteil von dem, was beabsichtigt war, gebracht hat: nämlich noch mehr Ungleichgewicht, Konfusion und Unverantwortliches, undurchsichtiges Machtgerangel um Marktanteile.

Wenn man die Märkte (Zinsen, Währungen, Aktien) anschaut, kann einem angst werden. Für die Versteigerungen von Benutzerlizenzen im Telekom-Bereich (die deutsche Bundeskasse hat 100 Milliarden DM kassiert) wurden Unsummen bezahlt. Das Resultat: Es muss mindestens noch einmal der gleiche Betrag für den Aufbau der Infrastruktur investiert werden. Wohlverstanden, das Geld für die 100 Milliarden war bei den Lizenznehmern nicht vorhanden, und das Geld für die zukünftigen Investitionen ist ebenfalls nicht vorhanden!

Auch die Firmen der alten Wirtschaft stecken in Schwierigkeiten. Wer hätte gedacht, dass eine Firma wie zum Beispiel Xerox, die vor einem Jahr noch von hochangesehenen Rating-Agenturen wie Standard & Poor's und Moody's etc. mit einer erstklassigen Bewertung ausgestattet wurden, heute vor der Pleite stehen könnte?

Du schreibst: ›Ich habe so ca. 20000 Franken auf der Bank, das ist mein Vermögen – nicht lachen!‹ *Nein*, ganz sicher darf man darüber nicht lachen, sondern sollte sich Rechenschaft darüber ablegen, wie lange du als Akademikerin gearbeitet hast, um diese Summe zu ersparen. Du hast zwar vor ca. vierzehn Jahren etwa 400000 Franken für ein altes Haus ausgegeben, aber trotz enormem Einsatz und kreativer Eigenarbeit beim Renovieren hast du immer noch eine erhebliche Hypothekarschuld abzuzahlen. Ich habe den allergrößten Respekt vor dieser Summe – auch wenn sie für die täglichen Dispositionen eines Bankers ›Peanuts‹ ist – und gerade *das* ist so gefährlich an der Haltung vieler Kollegen, die beruflich mit Geld zu tun haben! Ich würde diesen Betrag im Moment nicht investieren. Es ist immer gut, etwas Bargeld zu haben, auch wenn es nichts an Zinsen bringt. Mach nichts, lass es liegen! Bleib liquide.«

So weit der Kommentar meiner Freundin. »Mach mal Pause, park dein Geld. Bargeld lacht, wenn die Welt des

Geldes nicht in Ordnung ist!«, war ihr Motto, auch wenn es fast keine Zinsen bringt.

Bei den Cash-Formen, die außer dem Bargeld im Strumpf, unter der Matratze oder im Tresor noch existieren, gibt es natürlich eine Verzinsung. Es handelt sich um *Geldmarktanlagen*, zu denen unter anderem Festgelder oder Geldmarktfonds gehören. Hauptkriterium ist die kurze Anlagezeit, die mindestens 48 Stunden beträgt und dann *Callgeld* genannt wird.

Festgelder sind Beträge, die die Banken von ihren Kunden in verschiedenen Währungen als Call- oder Festgelder für eine bestimmte Laufzeit entgegennehmen. Sie setzen sie unter anderem im Kreditgeschäft und Eigenhandel (Wertpapiergeschäft) ein. Dafür zahlen sie einen Zins, der normalerweise unter dem Kapitalmarktzins liegt.

In Phasen einer restriktiven Notenbankpolitik, wenn die Zentralbanker die Zinsen erhöhen und damit die Geldzügel anziehen, steigt der Geldmarktzins über den Kapitalmarktzins der betreffenden Währung. Man spricht dann von einer inversen Zinskurve. (Beispiel: Zins für drei Monate sechs Prozent, zehnjährige Staatsanleihe fünf Prozent)

Es gibt aber auch andere Möglichkeiten, kurzfristige Geldmarktanlagen zu treffen, zum Beispiel den Kauf eines Geldmarktfondsanteils.

Hauptformen der kurzfristigen Anlage im Geldmarkt:

- **_Festgelder_ werden von den Banken in verschiedenen Währungen ab bestimmten Summen (Minimum in Deutschland meistens 50 000 Euro, in der Schweiz 100 000 Franken) für eine Laufzeit zwischen einem und zwölf Monaten entgegengenommen. Zinsgutschrift erfolgt netto, das heißt ohne Kommission.**

- *Treuhandgelder* sind Gelder, die die Banken ab sehr großen Summen auf Risiko des Kunden als Treuhänder entgegennehmen und bei ihren Töchtern oder anderen Banken der Euromarktzentren London oder Luxemburg platzieren. Zinsgutschrift erfolgt in Deutschland netto (ohne Kommission), in der Schweiz kostet sie ½ bis ⅜ Prozent Provision, bringt dafür aber vergleichsweise etwas höhere Zinsen, die bis zur Inkraftsetzung der neuen EU-Steuerharmonisierungs-Richtlinien ohne Abzug von Quellensteuern gutgeschrieben werden.
- *Geldmarktfonds* werden von den Kapitalanlagegesellschaften der Finanzinstitute (Banken oder Versicherungen) gemanagt und herausgegeben. Durch Kauf eines Geldmarktfonds-Zertifikats werden Sie anteiliger Mitinhaber eines großen Fondsvermögens. Es ist entweder nur in einer oder aber in verschiedenen Währungen in Festgeldern und/oder Geldmarktpapieren angelegt (Schuldverschreibungen und Wertpapieren, die meistens kurze Laufzeiten bis zu einem Jahr haben). Sie rentieren in der Regel etwas höher als die vorher genannten Festgelder, ihre Renditen liegen aber meistens deutlich unter jenen der länger laufenden Obligationen.

Die *Vorteile* von Cash oder Geldmarktanlagen:
- kurze Laufzeit
- kaum Kursrisiken

Sie garantieren den Anlegern Wertzuwachs bei höchster Flexibilität.

Die *Nachteile:*
- In der Regel vergleichsweise niedrige Verzinsung.
- Festgelder sind außerdem immer nur so sicher wie

die Bank, die sie entgegennimmt. Einer kleinen Bank, die keine ausreichende Ausstattung mit Eigenkapital besitzt, sollte man keine Mittel als Festgeld zur Verfügung stellen, sondern lieber Treuhandanlagen bei einer erstklassigen Bank im Euromarkt wählen oder einen erstklassigen Geldmarktfonds einer Großbank.

- Zinsausschüttungen werden als Einkommen besteuert, während Kapitalgewinne nach einer bestimmten Frist oder, wie in der Schweiz, gänzlich steuerfrei bleiben.

Wer riskieren will, setzt auf Derivate

Ja – das Risiko! Zweifellos sehen Menschen, die spekulieren, in erster Linie die Möglichkeit der Realisierung großer Gewinnchancen. So gesehen, wäre es der Drang nach überproportionalen Renditen, der Ängste vor den Verlustrisiken in den Hintergrund treten lässt. Spekuliert wurde jedenfalls mit den verschiedensten Objekten zu allen Zeiten der Geschichte. Sogar Tulpen waren im siebzehnten Jahrhundert Spekulationsobjekt. Eine bestimmte Art des Tulpenzwiebelhandels, über die ich im Folgenden erzählen will, wird als Vorläufer des Terminhandels bezeichnet.

Als Königin aller Blumen verehrt, verhexten Tulpen bereits während des Mittelalters Kaiser und Könige. Reiche Kaufleute wurden in den Ruin getrieben, Händler und Betrüger in eine leidenschaftliche Besessenheit. Der intensive Tulpenhandel, der in den Niederlanden im sechzehnten und siebzehnten Jahrhundert entbrannte, trieb den Wert dieser Blumen ins Unermessliche. Schließlich wurde die Tulpenzwiebel aufgrund ihrer Wertsteigerungen sogar als Zahlungsmittel eingesetzt.

In den dreißiger Jahren des siebzehnten Jahrhunderts konnte eine Zwiebel ihren Wert innerhalb einer Woche verdoppeln. In der Folge wurde das ganze Land in eine Tulpenmanie versetzt, die es jedem Niederländer als höchstes Glück erscheinen ließ, sein Vermögen in Tulpenzwiebeln zu investieren. »Die verrückteste Spekulation der Geschichte«, kommentiert der Historiker Mike Dash die Situation in seinem Buch »Tulpenwahn« und bemerkt dazu, dass es damals zu einem inflationären Preisanstieg kam. Eine Zwiebel der berühmtesten aller Tulpen, der »Semper Augustus«, wurde unvorstellbar teuer – 1633 kostete sie 5500 Gulden –, aber innerhalb von vier Jahren stieg ihr Preis auf rund das Doppelte. Diese Summe, so bemerkt Dash, reichte aus, um eine mehrköpfige Familie ein halbes Leben lang mit Essen, Kleidung und Unterkunft zu versorgen oder eines der größten Stadthäuser Amsterdams an der vornehmsten Gracht komplett in bar zu erwerben.

Trotz des immensen Wertes einzelner, erlesener Zwiebeln war der Einstieg in den Tulpenhandel damals noch einfach. Die Regeln funktionierten nach den herkömmlichen Gebräuchen: Das Gut wurde gekauft, im Frühling eingepflanzt und dann wieder verkauft. Doch wegen der wachsenden Menge und der explodierenden Preise konzentrierten sich einige Händler nicht nur auf die Mutterzwiebeln, sondern auch auf den Handel mit Brutzwiebeln, die erst Jahre später echte Blüten treiben würden. Dies war der erste Schritt zur Befreiung des Tulpenhandels von seiner Abhängigkeit vom Kalender.

Die neue Generation von Händlern hatte in der Regel weder Interesse am Pflanzen der Zwiebel noch an der Bewunderung der Blume – nein, das Interesse galt ausschließlich deren finanziellem Profit. Seit dem Herbst 1635 ging man zunehmend dazu über, Blumen zu kaufen und zu verkaufen, ohne sie überhaupt aus der Erde zu nehmen. Die Händler stellten Schuldscheine aus, die den Käufer zum vorbestimmten Termin zur Zahlung verpflichteten und die Einzelheiten über das Verkaufsobjekt enthielten. Diese neue Praxis barg Risiken – ein Betrachten der gekauften Ware war nicht mehr möglich. Man kaufte sozusagen die Katze im Sack. Der Ausdruck »Windhandel« wurde geprägt. Schon bald fanden sich auch Käufer für Blumenzwiebeln, die erst in ferner Zukunft geliefert werden konnten. Das war der erste Schritt zu einem weit verbreiteten System des *Terminhandels*.

Damit tat sich ein neuer Markt auf, der es auch den einfachen Leuten erlaubte, am großen Rad des Geldverdienens teilzuhaben. Termingeschäfte sind aber eine höchst spekulative Angelegenheit. Eines ihrer wichtigen Charakteristika ist die Tatsache, dass man die Ware, die man per Termin kauft, nur zu einem geringen Prozentsatz bezahlt. Man leistet sozusagen eine Anzahlung, in der Fachsprache heute *Einschuss* genannt.

Stellen Sie sich Folgendes vor: Ein Florist der damaligen Zeit des Tulpentaumels bietet für einen Schuldschein, der ihm zum Beispiel das Eigentum an einer in vier Monaten aufblühenden »Gouda« sichert, etwa hundert Gulden. Er rechnet natürlich damit, dass dieser Schuldschein an Wert gewinnt, bevor er die Blumenzwiebel real erwerben und damit voll bezahlen muss. Mit einem Kapital von fünfzig Gulden ausgestattet, wickelt er nun den Kauf von fünf Goudas zu je hundert Gulden auf Termin ab. Sein Geld reicht zu einer Anzahlung von zehn Prozent auf jede Zwiebel. Bei einer Verdoppelung des Preises zur Erntezeit wird er mit einem Einsatz von fünfzig Gulden über einen Wert von tausend Gulden verfügen. Verkauft er dann die fünf Blumen zu diesem höheren Preis, kann er den Differenzbetrag seines Schuldscheins begleichen und darüber hinaus einen Gewinn von fünfhundert Gulden einkassieren. Ein Tor, wer angesichts der explodierenden Preise für Tulpen bei Termingeschäften kein Geld verdient! Das war damals jedenfalls die Überlegung.

So kam man in kurzer Zeit durch steigende Preise zu einem riesigen Vermögen. An Verluste dachte niemand. In Wirklichkeit sind Termingeschäfte jedoch sehr kompliziert und mit bedeutenden Risiken behaftet. Wenn nämlich der

Preis der Tulpen fiel, waren die Katastrophe und der Bankrott sicher. Rechnen Sie oben erwähntes Beispiel einmal unter der Prämisse einer Halbierung des Preises der Gouda zum festgesetzten späteren Termin: Der arme Mann müsste den per Termin festgesetzten Preis von 500 Gulden minus Anzahlung – also 450 Gulden – aus eigener Tasche bezahlen. Verkauft er die Zwiebeln dann weiter, erhält er dafür den Tagespreis am Markt, in diesem Fall 250 Gulden. Er hat damit einen Verlust von 250 Gulden, und wenn er Pech hat und der Markt für Tulpen nicht mehr läuft, findet er überhaupt keinen Käufer! Wie Sie anhand dieses Beispiels sehen, ist das Risiko im Terminhandel beträchtlich.

Plötzlich – im Sommer 1637 – trat so eine Risikosituation ein. Tatsache war, dass das Vertrauen auf steigende Preise zusehends abgenommen hatte. Nach einem beispiellosen Boom wurden die Händler nun nervös. Keiner wollte mehr kaufen. Binnen weniger Minuten war damit der Handel tot. Es dauerte nur ein paar Tage, bis sich die Neuigkeit über das ganze Land ausbreitete und die Investoren in Panik gerieten. Der Crash war perfekt. Die Blumenzwiebeln, die eben noch Tausende von Gulden wert gewesen waren, hatten einfach keinen Markt mehr. Genau wie am Ende eines Börsenbooms hatten die Spekulanten das Nachsehen.

Ein Termingeschäft – ob mit Rohstoffen, Wertpapieren oder Devisen – funktioniert immer gleich: Man kauft oder verkauft zu einem festen Preis zu einem festgelegten späteren Termin. Bezahlt und geliefert wird nicht sofort, sondern es wird nur eine kleine Anzahlung als Sicherheit geleistet, der so genannte *Einschuss* oder *margin* von fünf bis fünfzehn Prozent der gesamten Summe. Der Terminkäufer hofft auf einen steigenden Kurs vor Fälligkeitstermin, um die Rohstoffe, Devisen oder Wertpapiere gleich wieder mit Gewinn zu verkaufen.

Das Risiko dabei ist groß: Sinkt der Kurs des Wertes, der dem Termingeschäft zugrunde liegt, so ist der Käufer nämlich verpflichtet, die Ware zum ursprünglich per Termin festgesetzten Wert zu übernehmen.

Termingeschäfte können aber auch Instrumente für eine gezielte Absicherung und damit bessere Ergebnisse bei der Kapitalanlage sein. Versierte Anleger können damit starke Ausschläge von Fremdwährungspositionen und Aktien, die sie selber besitzen, in den Griff bekommen. Wenn diese Geschäfte jedoch nicht zur *Absicherung (Hedging)* eigener Titel oder Positionen bestimmt sind, sondern zur reinen Gewinnoptimierung, gelten sie als Spekulationsgeschäfte. Heute nennt man Termingeschäfte *Futures*.

Ähnlich wie die seriösen Tulpenhändler des siebzehnten Jahrhunderts ihre Ernte durch Termingeschäfte absicherten, werden heute Börsenpositionen oder auch ganze Depots mit fachgerechten Strategien gegen Crashsituationen oder Abschwünge abgesichert. Die Finanzinstrumente, die für das Absichern – auf Englisch »*hedgen*« – benutzt werden, nennt man *Derivate*. Die Bezeichnung ist aus dem Lateinischen entlehnt (derivare = ableiten) und ist ein Sammelbegriff für Finanzinstrumente, die von einem so genannten Basiswert abgeleitet werden. Basiswerte sind Aktien, Obligationen, Rohstoffe, Edelmetalle, Währungen, Zinsen oder Börsenindizes. Zu den Derivaten gehören neben den Futures auch *Optionen* und *Warrants* (Optionsscheine).

Mit einer Kaufoption (Call Warrant) wird gegen Zahlung eines Optionspreises das Recht – aber nicht die Pflicht – erworben, während einer festgesetzten Frist die Lieferung einer bestimmten Menge eines Basiswertes (zum Beispiel Rohstoffe, Devisen oder Wertpapiere) zu einem festgesetzten Preis zu verlangen. Steigt der Preis des Ba-

siswertes, so steigt der Wert der Kaufoption infolge ihres so genannten *Hebels* überproportional mit. Sollte der Kurs des Basiswertes der Kaufoption jedoch sinken, sinkt der Wert der Kaufoption wiederum überproportional.
Mit einer Verkaufsoption (Put Warrant) wird gegen Zahlung eines Optionspreises das Recht erworben, innerhalb der Optionsfrist jederzeit eine bestimmte Menge eines Basiswertes zum vereinbarten *Ausübungspreis* zu verkaufen.
Alle diese Instrumente haben die Eigenschaft, nur bis zu einem bestimmten Termin in der Zukunft Gültigkeit zu besitzen. Dann sinkt ihr Wert auf null. Das Risiko für den Käufer einer Option ist also überschaubar – es ist auf den Einsatz und damit den Preis, der für die Option bezahlt wurde, beschränkt.

Rechnen Sie etwa mit einem Aufschwung der Aktienkurse, können Sie eine Option auf den Bezug eines Titels Ihrer Wahl zu einem heute festgesetzten Preis innerhalb einer vorausbestimmten Zeit erwerben. Es handelt sich dabei um eine Kaufoption, in der Umgangssprache einen *Call*. Tippen Sie eher auf einen Abschwung des Kurses ihres erwählten Titels, setzen Sie auf eine Verkaufsoption, einen *Put*.

Sie zahlen für den Kauf der Option eine *Prämie*. Liegen Sie richtig mit ihrer Einschätzung der Tendenz der Marktentwicklung, dann steigt der Kurs der Prämie. Im Klartext: Bei steigenden Kursen der zugrunde liegenden Aktie steigt der Wert einer Kaufoption, er sinkt aber bei fallenden Kursen der Aktie. Bei fallenden Kursen des Basistitels steigt hingegen der Wert der Put-Option, der im Gegensatz dazu bei steigenden Kursen des zugrunde liegenden Titels sinkt. Dabei wird im Vergleich zum Basiswert ein vielfaches Gewinnpotenzial erreicht – aber auch ein ebensolches Verlustpotenzial im Falle der Wahl der falschen Option.

RAT

Die richtige Einschätzung des Timings und der Kurstendenz der zugrunde liegenden Basiswerte ist beim Kauf von Optionen von herausragender Bedeutung. Hier liegt das große Problem bei Optionsgeschäften, wenn sie nicht als Absicherung getätigt werden.

In der Regel werden Optionen nicht ausgeübt, sondern vor dem mit der Ausgabe der Option festgesetzten Ablaufdatum verkauft. Der zugrunde liegende Basistitel wird also selten bezogen. Es gibt zwei Arten von Optionen – die der Banken, die Warrants genannt und an den jeweiligen Hauptbörsen der Länder und zum Teil auch am Telefon gehandelt werden, und jene, die von den Börsen selbst zum Handel zugelassen werden. Der Optionshandel findet in Deutschland und der Schweiz offiziell über die gemeinsame, speziell auf diese Geschäft ausgerichtete Börse *Eurex* statt.

Warrants **oder** ***Optionsscheine*** **sind von Finanzinstituten verbriefte Kauf- oder Verkaufsrechte, die an den Börsen gehandelt werden. Sie bieten die Möglichkeit, mit geringem Kapitaleinsatz und einem von vornherein bekanntem Verlustrisiko an der Kursentwicklung eines Basiswertes zu partizipieren.**

Gewiss ist es die *Hebelwirkung*, die Privatanleger unter anderem an den heißen Instrumenten reizt. Wenn der zugrunde liegende Basiswert um zehn Prozent steigt, kann ein richtig ausgewählter Kauf-Optionsschein – ein Call Warrant – aufgrund seines Hebels leicht um das Doppelte oder mehr im Kurs gewinnen. Wer mit einem Verkaufsoptionsschein – einem Put Warrant – in den Jahren 2000/2001 auf bröckelnde Kursentwicklungen gesetzt hat, dem war durchschlagender Erfolg beschieden.

Aber bedenken Sie, dass der Preis eines Optionsscheins nicht nur vom Kurs des zugrunde liegenden Basistitels abhängig ist, sondern auch von dessen *Volatilität*. Nimmt die Volatilität ab, sinkt die Wahrscheinlichkeit, dass der Basiswert den festgesetzten Ausübungspreis *(Strike)* auch erreicht. Parallel dazu zerfällt der Wert des Optionsscheins, bis er schließlich auf null sinkt. Das Risiko eines solchen derivativen Geschäftes ist aber überschaubar: Sie können nur so viel verlieren, wie Sie beim Kauf der Option oder des Warrants bezahlt haben.

Die Ausstattung eines Warrants – zu der Laufzeit, Ausübungspreis und Bezugsverhältnis gehören – wird von den Emittenten festgelegt. Daher berechtigen in der Regel zehn Optionen zum Bezug von einer Aktie (Bezugsverhältnis 10 : 1). Es gibt aber auch Ausnahmen (50 : 1 etc.). Vor dem Kauf empfiehlt sich angesichts der Vielfalt der Produkte ein Gespräch mit dem Kundenberater. Er wird Probleme und Risiken transparent machen. Neben dem spekulativen Charakter haben Warrants auch Absicherungsfunktionen, weil sie die Möglichkeit geben, zum Beispiel Aktienkursverluste via Kauf eines Puts auf einen Börsenindex – etwa den Dax – durch die Kursgewinne des Put Warrants zu kompensieren.

Gut essen und gut schlafen: Das Depot der Dame

Typisierung der Anlegerinnen

Als die Hamburger Witzfigur »Klein Erna« mit ihrer besten Freundin Anna wieder einmal die eleganten Schaufenster der Prachtstraßen an der Alster bewunderte, hörte sie ihre Begleiterin plötzlich nachdenklich vor sich hin murmeln: »Wie komme ich zu einem kleinen Vermögen?« Klein Erna reagierte sofort und blieb mit ihrer schlagfertigen Antwort ihrem Ruf treu: »Indem du mit einem *großen* Vermögen anfängst!«

Heute, im August 2001, hat sich die Lage an den internationalen Börsen erneut dramatisch zugespitzt. Anleger, die einen großen Anteil Aktien in ihren Depots halten, sind nach der kurzen Erholungspause im Frühling dieses Jahres wiederum einem steten Kapitalzerstörungsprozess ausgesetzt, sofern sie Buchverluste realisieren müssen. Seit Jahresbeginn hat das amerikanische Börsenbarometer Nasdaq fast ein Viertel seines Wertes eingebüßt.

Der für fünfhundert börsenkotierte Titel repräsentative Index Standard & Poor's (S&P 500) weist einen Verlust von zwölf Prozent aus, während der Dow Jones Index, der Referenzwert für dreißig erstrangige, global operierende US-Unternehmen, die so genannten *Bluechips*, seit Januar fast fünf Prozent einbüßte. Dem deutschen Aktienindex DAX geht es mit einem Verlust von 25 Prozent noch viel schlechter als seinem amerikanischen Kollegen, was zumindest teilweise mit den negativen Nachrichten der in diesem Index schwer gewichteten Bayer und der Deutschen Telekom zusammenhängt.

Auch dem einstigen Lieblingskind der Investoren, dem Swiss Market Index (SMI), geht es schlecht: Gehörte er im Jahr 2000 im internationalen Vergleich noch zu den Börsenplätzen mit der besten Kursentwicklung, hat er seit Jahresbeginn fast zwanzig Prozent nachgegeben. Der Grund dafür ist allseits bekannt: Den Taktstock für die jetzt um sich greifende Depression der Investoren schlägt die schwächelnde globale Konjunktur. Es gibt kaum eine Branche, deren Unternehmen nicht schlechter als erwartete Gewinne für das erste Halbjahr publizierte, es gibt darüber hinaus auch kaum ein Unternehmen, das keinen düsteren Ausblick für den Geschäftsgang bis Ende des Jahres veröffentlichte. Was nützt es da, dass die amerikanische Notenbank schon mehrfach im Jahr die Zinsen auf ein lange nicht gesehenes Niveau von 3¾ Prozent gesenkt hat?

Die Zinsen sind zwar tief, das Geld ist damit billig, aber es wird mit Blick auf die rückläufige globale Konjunkturlage nicht für Investitionen in Wirtschaftsgüter wie Computer, Anlagen oder Maschinen genutzt. Treffend beschrieben wird die wirtschaftliche Situation, die sich daraus ergibt, durch den von Karl Schiller, dem legendären deutschen Finanzminister, geprägten Ausspruch: »Die Pferde saufen nicht.« Damit ist eine Situation gemeint, in der die Wirtschaftsteilnehmer die Liquidität, die ihnen in ausreichendem Maße offeriert wird, einfach links liegen lassen.

Auf die aktuelle Lage bezogen liegt der Kern des Übels darin, dass die Unternehmen sinnbildlich an der mit Geld gefüllten Tränke vorbeigehen. Sie investieren nicht – und das bedeutet unter anderem, dass die Maschinen- und Anlagebauer ähnlich wie die Technologieproduzenten zu wenig Aufträge bekommen. Rohstoffe und Chemieprodukte werden nicht ausreichend abgesetzt. Zudem wächst die Zahl jener Unternehmen der verschiedensten Branchen, die massiven Arbeitsplatzabbau zur Senkung ihrer Kosten ankündigen. Das wiederum lässt Böses für den Konsum ahnen, weil die Leute unter dem Damoklesschwert der Kündigungen lieber sparen als Geld ausgeben wollen. Ob klein oder groß, ob jung oder alt – jeder Börsianer, der etwas auf sich hält, stellt sich nun die Kardinalfrage: Wie sollen in einer so verfahrenen Lage die Gewinne der Unternehmen überhaupt noch wachsen?

In der Tat führt die Wirtschaftsflaute durchweg zu fallenden Unternehmensgewinnen. Bei den S&P-500-Unternehmen sollen sie laut Standard & Poor's im zweiten Quartal 33 Prozent niedriger als im Vorjahr ausfallen. Und ohne steigende Gewinne auch keine steigenden Börsenkurse. Das weiß heute schon bald jedes Kind. Weil kein Ende der Wirtschaftsflaute in Sicht scheint, greift bei den Anlegern fühlbare Frustration um sich. Sie retten ihr Geld in sichere Häfen, indem sie die Aktien verkaufen und die Erlöse in den Geld- oder Bondmarkt umschichten. Als Resultat steigen die Bondkurse, während die Aktienkurse und Börsenindizes Wertverluste erleiden.

Die Situation ist brisant und könnte sogar in einen *Crash* führen. Deshalb dürften besonders technologielastig investierende Aktionäre, die in den letzten fünfzehn Monaten einen außergewöhnlich krassen Rückgang ihres Vermögens hinnehmen mussten, vielfach schlaflose Nächte erleben. Dass die Enttäuschung der Betroffenen vor dem geschilderten Hintergrund fortschreitet, versteht sich fast von selbst. Die Frage danach, welche Rezepte es zur Vermeidung rapider Vermögenseinbrüche gibt, gewinnt natürlich mit wachsender Börsenturbulenz an Bedeutung. Und weiter – und für Sie, verehrte Leserin, sicher bedeutungsvoller: Gibt es überhaupt Rezepte, deren Anwendung auf längere Sicht optimalen Erfolg bei der Anlage versprechen? Mit diesem Thema wollen wir uns jetzt befassen.

Betrachten Sie im Hinblick auf die Antworten vorgängig sich selbst und Ihre *individuellen Rahmenbedingungen*. Sie sollten unter anderem Ihre *persönliche Risikofähigkeit* beurteilen können. Dafür ist eine Standortbestimmung nötig, die folgende Fragen umfasst:

- den Zaster – oder die Größe des Ihnen zur Verfügung stehenden Vermögens
- die Zeit, die Ihnen zur Geldanlage und zur Ernte ihrer Früchte zur Verfügung steht
- das Ziel, das Sie mit Ihrer Anlagepolitik verfolgen.

In meinen Vorträgen und Seminaren tituliere ich diese Vorgaben als *die drei Z*.

Die Ihnen zur Verfügung stehenden finanziellen Mittel spielen für ihre Risikofähigkeit eine ganz entscheidende Rolle. Erstellen Sie eine umfassende Vermögensinventur mit folgendem Katalog:

- ***Finanz-*** **und *Sachanlagen* unter Abzug von *Schulden*, *Hypotheken* oder *sonstiger Verpflichtungen***
- **Monatliche *Einkommen* aus Ihrer beruflichen Tätigkeit, aus Obligationenzinsen, Dividenden oder aus anderen Quellen, denen Sie Ihre *Ausgaben* für Miete, Versicherungen, Steuern etc. gegenüberstellen.**

Ältere Menschen sollten sich fragen:

- **Wird die Pension, Rente oder AHV reichen, um den Unterhalt zu bestreiten?**
- **Reichen die Kapitalerträge, um die Einkommenslücken zu füllen? Oder wären Sie gezwungen, Kapital zu verzehren?**
- **Wie können Versorgungslücken gefüllt werden? Lebensversicherung?**

Wenn Sie nicht nur auf Obligationen erster Qualität setzten, gilt es in jedem Fall, Ruhe zu bewahren und nicht gerade zum schlechtesten Zeitpunkt – am Tiefpunkt vor einer möglichen Wende der negativen Situation zum Besseren – alles zu verkaufen. Für eine derartige Wartestellung muss man aber genügend *Zeit* ansetzen können. Dies gilt sowohl mit Blick auf Ihr Lebensalter als auch auf die möglichen, von Ihnen schon früher eingegangenen Verpflichtungen für bevorstehende größere Ausgaben. Wenn Sie Ihr Geld gerade nach einem Börsensturz zwingend für andere Zwecke benötigen und nicht flüssig sind, müssen Sie mit an Sicherheit grenzender Wahrscheinlichkeit *Verluste realisieren*. Dabei ist natürlich auch relevant, wie Ihr persönliches *Nervenpotenzial* geartet ist. Jeder, der am Geschehen der Finanzmärkte teilnimmt und über Wochen und Monate wachsenden Werteverfall beobachtet, wird früher oder später betroffen reagieren. In dem Maße, in dem die eigenen, sauer erarbeiteten Ersparnisse dahinschmelzen wie Schnee an der Sonne, schwindet in der Regel auch die Ruhe. Die Frage lautet dann früher oder später: Raus aus den Aktien, rein in die Bonds oder in die Liquidität?

Die Antwort hängt sehr von der Gemütsverfassung ab: Eine Frau, deren Nerven allen Stürmen standhalten, wird die Verluste vielleicht ertragen. Sie vertraut auf bessere Zeiten, die sich nach dem Tal der Tränen auch an der Börse immer wieder eingestellt haben. Den Ausschlag geben mag in dieser Situation aber die *Höhe des Gesamtvermögens*. Je geringer es ist und je schneller es minimiert wird, desto niedriger liegt die Schmerzgrenze, die zum Ausstieg aus der Anlage motiviert.

Mit der Erfassung Ihrer persönlichen finanziellen Situation haben Sie schon wichtige Anhaltspunkte für Ihre Mentalität als Anlegerin erhalten. Sie werden Ihnen die Beantwortung der folgenden Fragen erleichtern:

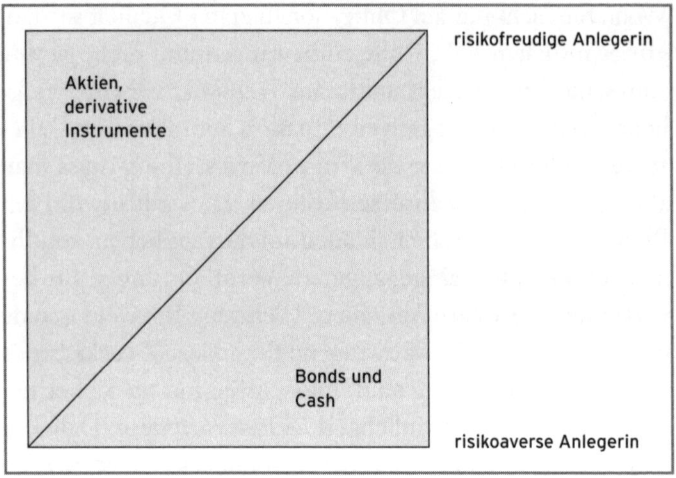

- Sind Sie als *konservative* Anlegerin zu bezeichnen, deren Ziel *Substanzerhalt* des Vermögens *plus* die *Erwirtschaftung* eines *regelmäßigen Einkommens* ist? Dann sind Sie die ideale Kandidatin für den *Obligationenmarkt*.
- Oder sind Sie auf *Kapitalgewinn* fixiert und damit prädestiniert für Investitionen in den *Aktienmarkt*? Dann denken Sie daran: Die Börse ist keine Einbahnstraße. Sie kann anstatt herauf- über lange Strecken auch heruntergehen. Deshalb brauchen Sie *genügend finanzielle Mittel* und ein *gut ausgerüstetes Nervenkostüm* sowie *ausreichend Zeit*, um harten Phasen der Kapitalverluste Durchhaltevermögen entgegenzusetzen. Je stärker Ihre Anlagen auf *Spekulation* ausgerichtet sind, desto schwerer wiegen der *Zeitfaktor*, die individuelle *Einkommens-* oder *Vermögenssituation* und die *Risikofähigkeit*.

Nicht zuletzt sollte jede Investorin über den allgemeinen Stand des Marktes Bescheid wissen. Wenn die Intuition auch ein nicht zu verachtender Ratgeber ist – ich habe gerade bei Frauen mit wenig Know-how die besten Signale für das Timing von Kauf- oder Verkaufsaktionen erlebt –, so ist doch die *Urteilsfähigkeit* ein noch ausschlaggebenderer Faktor. Das gilt für die Einschätzung der *Gesamtsituation* der im Fokus stehenden *Finanzinstrumente* Aktien, Bonds und Cash sowie der Einzeltitel.

Wie sehr die Anlagephilosophie vor dem Hintergrund der individuellen Einkommens- und Vermögensunterschiede, aber auch der Temperamente und des Alters der Menschen variieren kann, möchte ich Ihnen anhand anschaulicher Beispiele aus meinem Bekannten- und Freundeskreis schildern. Sollten Sie im Zweifel darüber sein, zu welchem Anlagetyp Sie sich selbst zählen wollen, verhilft Ihnen die Lektüre des nächsten Abschnitts sicherlich weiter. Darüber hinaus können Sie der Darstellung entnehmen, welche Resultate – besser gesagt, Performance – konservative, spekulative und ausgewogene Investoren mit ihren bevorzugten Anlagestrategien in den letzten Jahren erzielt haben.

Hanna: Auf Nummer Sicher gehen mit regelmäßigem Einkommen

Meine Freundin Hanna ist trotz ihres fortgeschrittenen Alters immer noch eitel. Deshalb ist sie streng darauf bedacht, die genaue Anzahl ihrer Lebensjahre niemandem bekannt zu geben. Sie hat sich aber gleichzeitig ihren scharfen Verstand bewahrt und ist außerordentlich interessiert an kulturellen sowie den Intellekt ansprechenden Ereignissen. Vor allem: Sie lässt sich das Management ihrer eigenen Finanzen nicht aus der Hand nehmen.

»Was sind die Gründe dafür?«, frage ich sie eines Tages.

»Sicherheitsdenken. Mein Anlageberater mag sehr gut sein, hat aber noch andere Interessen, die nicht auf mich zugeschnitten sind.«

Für ihr auf Sicherheit zielendes Verhalten hat Hanna gute

Gründe: Schließlich hat sie neben ihrer geringen Lebenserwartung kein ausreichendes regelmäßiges Einkommen aus einer Rente oder dergleichen. Sie ist darauf angewiesen, von ihrem selbst verdienten Ersparten zu leben und dessen Substanz zu bewahren. Sie ist dabei erfolgreich gewesen und hat sich im Laufe der Jahre – besser gesagt Jahrzehnte – sogar dazu breitschlagen lassen, auch die Verwaltung verschiedener Depots von ebenfalls mehr oder weniger betagten Bekannten zu übernehmen. So gesehen, könnte man sie als Profi in der Anlage bezeichnen.

Gewiss hat sie besondere Fähigkeiten auf dem schwierigen Gebiet der Kapitalanlage. Sie beziehen sich zum einen auf den Sektor erstklassiger Obligationen und dann – zu einem geringen Anteil – auf das Gebiet erstklassiger Aktien. Der Grund? Mit ihren Worten lautet er: »Mit erstklassiger Qualität habe ich vor allem bei Bonds, aber oft auch bei Aktien, im Schnitt zwar weniger Ertrag zu erwarten, aber das Verlustrisiko ist tendenziell begrenzter. Wenn ich Risiken eingehe, habe ich in einem Jahr vielleicht dreißig Prozent gewonnen, aber im nächsten Jahr vielleicht alles oder sogar mehr wieder verloren. Deshalb interessiere ich mich für die Höhe der Jahresrendite nicht besonders. *Ich will lieber gut schlafen. Geld erhalten ist wichtig, nicht ein kurzfristiger Anlageerfolg!*

Wie wahr, wenn man die eingangs geschilderten Kapitalmärkte betrachtet! Ein Mensch, der nur noch eine kürzere Lebenserwartung hat und der zudem nicht über finanzielle Polster zur Deckung von Einkommenslücken verfügt, kann sich die Teilnahme an den zuweilen anhaltenden seitwärts oder abwärts tendierenden Aktienbörsen in der Tat nicht leisten. Denken Sie daran: Nirgends gibt es eine Garantie, dass Rückschläge nur von kurzer Dauer sein müssen. In Amerika brauchte es – um hier nur ein Beispiel von vielen zu nennen – fünfzehn Jahre, um die Verluste des Dow Jones Index vom Ende der zwanziger Jahre wieder einigermaßen auszugleichen. Eher ist die Mahnung zu bedenken: Je schneller die Kurse klettern, desto stärker nähern wir uns der Wende.

RAT

Es ist ein Unterschied, ob jüngere Anleger mit regelmäßigem Einkommen zwanzig bis dreißig Jahre im Voraus denken können oder ob ein Rentner oder Pensionist auf Nummer Sicher geht und Einkommenslücken decken muss. Für Menschen mit kurzer Lebenserwartung, die primär aus ihrem Vermögensertrag leben müssen, gilt deshalb: vorsichtige Dosierung der Aktienanlagen.

Zu bevorzugende Instrumente für diesen Investorinnentyp sind:

- Sparkonto
- Festgeldanlage
- Festverzinsliche Wertpapiere

Die Zusammensetzung des Depots – in der Fachsprache *Asset Allocation* genannt – meiner Freundin Hanna sah zum Beispiel zur Zeit unseres Gesprächs im Frühling des Jahres 2000 so aus:

- 30 Prozent Festgeld in verschiedenen Währungen
- 65 Prozent Obligationen inklusive Euro-, US-Dollar- und £-Sterling-Anleihen
- 5 Prozent Aktien

Obwohl der Anteil an Obligationen und Festgeldern mit insgesamt 95 Prozent von Experten als extrem hoch angesehen werden mag, war diese Verteilung der vorhandenen Mittel zumindest zu jenem Zeitpunkt, im Frühling 2000, geradezu optimal. Denn Festverzinsliche sollten weltweit bis tief in das folgende Jahr hinein die Aktien in der Rendite ausstechen. Noch eine Lehre gab Hanna als alt bewährte Kämpferin am Kapitalmarkt ihren Altersgenossen mit auf den Weg: »Cash ist heutzutage wegen der schwankenden Börsentendenz für die Flexibilität sehr wichtig. Verkaufe Aktien, wenn die Kursschwankungen – in der Fachsprache *Volatililtät* – zunehmen, dann hast du erst einmal Liquidität und kannst beobachten, wohin die Reise bei den Anlagen geht.«

Cash zu halten, bedeutet aber auch die Inkaufnahme eines niedrigeren Ertrages im Vergleich zu Obligationen. Diese Regel wird in seltenen Fällen dann keine Gültigkeit haben, wenn die kurzfristigen Zinsen am Geldmarkt infolge der Verknappung der Geldmenge durch die Notenbank über den langfristigen Zinssätzen am Kapitalmarkt liegen (*inverse Zinsstruktur*).

RAT

Je kürzer die Anlageperiode, desto niedriger ist meist der Ertrag.

Daumenregel

Der Aktienanteil sollte hundert Prozent minus Alter betragen. Jemand, der gerade fünfzig geworden ist, könnte demnach fünfzig Prozent Aktien haben, jemand der achtzig ist, sollte nur noch zwanzig Prozent besitzen. Der Anteil der Aktien kann je nach Grad der Risikofähigkeit und der finanziellen Substanz tendenziell höher oder tiefer gesetzt werden.

Denken Sie aber daran, dass nicht nur Aktien, sondern auch Bonds Kursrisiken ausgesetzt sind. Für optimale Kurssicherheit während der Laufzeit der Obligationen beachten Sie zwei Kriterien:

1. *Die Finanzkraft der Schuldner, die die Rückzahlung garantieren.* Ziehen Sie das Urteil der Ratingagenturen zu Rate. Anleihen minderer Bonität dürften in konjunkturellen Krisenzeiten oder in Phasen turbulenter Finanzmärkte während ihrer Laufzeit starke Kursabschläge erleiden oder sogar illiquide, das heißt nur zu schlechten Kursen oder zeitweise gar nicht zu verkaufen sein (Swissair).
2. *Die Länge der Laufzeit oder der Restlaufzeit.* Wählen Sie vor allem dann, wenn das Zinsniveau niedrig ist und in der Zukunft steigen könnte, kurze Laufzeiten bei den Obligationen.

RAT

Je länger die Laufzeiten, desto höher die Rendite. Inflation führt bei Langläufern während der Laufzeit allerdings zu Kursrisiken. Auch schlechte Bonitäten (Finanzkraft/Rating!) und Fremdwährungen müssen bei Anlagen in Obligationen als Risikofaktor einkalkuliert werden.

Lassen Sie sich nicht durch hohe Renditen verführen! Falls Sie nicht widerstehen können, prüfen Sie genau, warum die Anleger mit überdurchschnittlichen Verlockungen gereizt werden müssen. Für die Risiken, die hohen Renditen innewohnen, gibt es aus der Vergangenheit der letzten zehn Jahre unter anderem ein schlagendes Beispiel: den »European Kings Club«. Tausende von Anlegerinnen ließen sich von den fantastischen Versprechungen der Clubexponenten aufs Glatteis führen. Es wurden verführerische Verzinsungen für den Kapitaleinsatz versprochen, die pro Jahr angeblich mit siebzig Prozent und mehr die üblichen Renditen für erstklassige Anleihen krass übertreffen sollten. Doch die Wirklichkeit sah anders aus. Jemand, der ohne kritische Fragen an die wundersame Explosion seines Einsatzes geglaubt hatte, musste sich eines Besseren belehren lassen.

Als das dicke Ende ans Tageslicht kam, war ein Rückzug aus dieser Investition dann allerdings nicht mehr möglich, denn der »European Kings Club« war ein nach dem »Schneeballsystem« funktionierendes Vehikel! Was Schneeballsystem bedeutet? Ganz einfach – der Club hatte weder Substanzwerte noch wurden Erträge erarbeitet. Man wurde Mitglied durch Zahlung einer Summe, die anderen Altinvestoren als Zins gutgeschrieben wurde. Als die Neumitgliedschaften versiegten, gab es auch kein frisches Geld mehr und damit weder Rendite noch Rückzahlung des eingesetzten Kapitals. Nach Pressepublikationen der wahren »Geschäfte« des »European Kings Club«, die die Initiatoren selbst den Investoren natürlich anders geschildert hatten, versiegten die Zuflüsse neuer Mittel, und die Mitglieder hatten das Nachsehen.

RAT

Je höher die Rendite, **die Ihnen für Kredite oder andere Geschäfte in Aussicht gestellt wird, über der Durchschnittsrendite erstklassiger Staatsanleihen – der Messlatten oder** ***Benchmarks*** **für die Obligationen der betreffenden Währung –,** ***desto größer das Risiko.***

Tatiana: Spekulativ oder der Tanz um das Goldene Kalb

Es gibt einen Typ von Anlegern, für den der Reiz des Risikos gerade im Nervenkitzel liegt. Zu diesem Typ gehört meine Saunafreundin Tatiana. Sie braucht die spannungsgeladenen Momente in stürmischen Phasen, insbesondere im Bereich von Investitionen, die mit hohen Renditen verbunden sind. Sie kann sich diese Einstellung aber auch leisten, denn sie weiß, worum es geht und worauf es ankommt. Zudem hat sie einen Mann, der für ihr materielles Wohl sorgt. Dass sie mit ihrer Spekulation auf steigende Aktienkurse in der zweiten Hälfte der neunziger Jahre schief gelegen hätte, kann man wahrlich nicht behaupten. Im Gegenteil – das ehemalige Model ist eine mit allen Wassern gewaschene Anlegerin. Sie hat es während einiger Jahre mit recht gewagten Strategien zu einer überaus ansehnlichen Performance gebracht. Als wir eines Tages wieder einmal gemeinsam schwitzten, begann Tatiana über ihren Werdegang als Anlegerin zu berichten.

Nach dem Tod ihres ersten Mannes heiratete sie erneut. Leider musste sie im Laufe der Jahre feststellen, dass ihr neuer Ehemann, ein gut verdienender Anwalt, nicht bereit war, sie – für den Fall seines Todes – finanziell abzusichern. Er hat Verpflichtungen gegenüber seiner ersten Ehefrau und seinen Kindern, denen er – aus schlechtem Gewissen – Priorität gibt. In dem Bestreben, finanzielle Unabhängikeit zu erreichen, steht Tatiana nun selbst ihren Mann. Angefangen hatte sie mit 250 000 Franken aus der Erbschaft ihres ersten Mannes.

»Wie hast du den Einstieg in die Kapitalanlage geschafft?«, frage ich sie, während wir nach dem Aufguss hinaus in den Ruheraum schlendern.

»Ich habe mich an meinen Sohn Robert gewandt, mein

ganzes Glück und meinen besten Ratgeber. ›Mami‹, riet er mir, ›leg das Geld nicht auf die Bank. Kauf Aktien und Optionen.‹ Da habe ich begonnen, die Finanzsendungen von N-TV und CNN im Fernsehen zu verfolgen. Der Umgang mit Geld wurde allmählich zu meinem Hobby.«

Ich bin tatsächlich beeindruckt und versuche, mich in Tatianas Situation hineinzuversetzen. »Cool! Hat dich die Auseinandersetzung mit dem Geld verändert?«

»Sehr«, lautet die spontane Antwort. »Seitdem ich dieses ›Hobby‹ begonnen habe, fehlt mir die Zeit für Schickimicki-Aktivitäten. Ich konzentriere mich auf das Tagesgeschehen und die Kursentwicklungen. Außerdem kann ich jetzt regelmäßig meine Mutter unterstützen, und ich schenke meinem Enkelkind, so jung es auch ist, jedes Jahr eine Aktienposition im Wert von 1200 Franken.«

Wenn Sie fragen würden, wie Tatiana es geschafft hat, sich diese Großzügigkeit leisten zu können, würde sie Ihnen verraten: »Ich habe ausschließlich auf Kaufoptionen für Aktien gesetzt.« Tatiana schüttelt ihre blonde Mähne und funkelt mich beinahe kämpferisch an: »Du darfst in einem Crash auf keinen Fall in Panik alles verkaufen! Aktien sind danach meines Wissens immer wieder gekommen! Und du musst stets flüssig sein – dann kannst du zuschlagen, wenn sich gute Gelegenheiten bieten. Ich bin nie im Leben voll investiert gewesen.«

Auf diese Art, mit Optionen auf Schweizer Erstklasstitel, den so genannten Bluechips, konnte Tatiana 1997 ihren Einsatz letzten Endes verdoppeln – nachdem er sich allerdings von Januar bis Oktober, als die mit einem massiven Börsensturz verbundene Asienkrise begann, schon verdreifacht hatte.

Sie sehen an diesem Beispiel, wie schnell Sie mit Optionen gewinnen und verlieren können. 1998 blickte Tatiana wiederum auf eine Verdoppelung ihres Vermögens. Das lag daran, dass sie vor der nächsten weltweiten Finanzmarktkrise, die sich wiederum im Herbst ereignete, schon generell alle Bestände verkauft hatte. Sie brauchte Geld für eine Reise. »Glück war das«, kommentiert Tatiana. Im Mai 2000 war ihr Vermögen immerhin auf 800 000 Franken angewachsen.

Bei Optionen muss das Timing – der Zeitpunkt des Kaufs und Verkaufs – richtig gesetzt werden, lautet ihr Rat. Doch verstehen Sie das bitte nicht als Aufforderung zum Tanz um das Goldene Kalb der Optionen. Die Träume von der rapiden Geldvermehrung können schnell ausgeträumt sein, Sie wissen ja: Mindestens so groß wie die Chancen sind bei Optionen auch die Risiken.

Marietta: Gut essen und gut schlafen – der richtige Mix aus Aktien, Bonds und Cash

Wenn Sie einen geschiedenen Ehemann haben, der seine Schulden bei Ihnen nicht bezahlen kann, wenn Sie darüber hinaus allein erziehende Mutter zweier Kinder sind und finanziell allein für sie aufkommen müssen, wenn Sie durch den Tod Ihres Vaters von einem Tag auf den anderen die Firma übernehmen und sich darüber hinaus auch noch um die privaten Ersparnisse Ihrer Mutter und Ihrer behinderten Schwester kümmern, dann müssen Sie sich anlagepolitisch anders verhalten als Tatiana. Sie werden sich keinesfalls irgendwelcher finanziellen Gefahren aussetzen wollen. Außerdem kosten gewagte Strategien Zeit und Nerven, und die haben Sie unter den geschilderten beruflichen und familiären Umständen eben nicht.

Marietta, eine ehemalige Teilnehmerin meines Seminars, lebt in dem eben geschilderten schwierigen Umfeld. Gerade vierzig Jahre alt, hält sie heute die Fäden ihres landwirtschaflichen Betriebes als selbstständige Geschäftsfrau fest in der Hand. Mit braunen Augen strahlt sie mich aus ihrem fast kindlich wirkenden Pausbackengesicht an, während sie ihren Weg als Ehefrau mit einer gesunden Portion Selbstkritik charakterisiert: »Ich war dumm genug, ihn zu heiraten, war dann aber auch intelligent genug, mich von ihm scheiden zu lassen!« Dass sie sich ihr sonniges Gemüt und ihre fröhliche Ausstrahlung unter widrigen Umständen bewahren konnte, finde ich bemerkenswert.

Geschäftlich, das heißt materiell, hat sie die Dinge tatsächlich fest im Griff: »Da ich den Betrieb massiv umstrukturiert habe, kann ich jetzt bessere Erträge erwarten. Aber ich will natürlich die kleinen Annehmlichkeiten, die das Leben so viel schöner machen, durch gute Dispositionen bei der Geldanlage auch im Alter genießen können. Dabei hatte ich wirklich Glück mit den Kundenberatern!« Ähnlich wie im Betrieb, will sie sich beim Umgang mit dem Geld keinesfalls die Fäden aus der Hand nehmen lassen: »Die Entscheidung bei der Geldanlage treffe am Schluss immer ich. Niemand sonst muss ja auch das Risiko eines Verlustes ganz allein tragen und verantworten können!«

Ich horche auf: »Bravo, Marietta, damit hebst du dich von vielen Frauen ab, die sich aus mangelnder Kenntnis des Metiers um klare Aufträge gegenüber ihrer Bank drücken. Solche Kundinnen geben ihre Vogel-Strauß-Politik meistens dann auf, wenn es brenzlig wird und sie das an ihrem dahinschmelzenden Vermögensstand erkennen!«

Neugier und Herausforderung – »Das kann man doch lernen!« – hatten Marietta dazu motiviert, Wissen über den Umgang mit Geld aufzubauen. Beim Einstieg in die Geldverwaltung halfen ihr Kurse, Investmentclubs und Diskussionen. Heute, da sie ihre Anlagestrategie gefunden hat, klassifiziert sie sich selbst als »konservativ und spekulativ zugleich und zuweilen sogar sehr risikofreudig!« Getreu dieser Einstellung verteilt sie das Geld auf Aktien, Obligationen und Cash, wobei sie auch Fonds kauft. Die Scheu vor Derivaten hat sie nach dem Besuch mehrerer Kurse abgelegt – aber sie dotiert sie nur als bescheiden in Relation zum gesamten Depot und nur mit Hilfe eines Anlageberaters.

Die Politik der Verteilung der Mittel in Anlagesektoren mit unterschiedlichen Risikoprofilen und Renditeniveaus ist goldrichtig für Marietta. Sie bürgt einerseits für guten, ruhigen Schlaf, der angesichts ihres Arbeitspensums und ihres bis zum Rand gefüllter Terminkalenders notwendig ist. Längere Zeitabschnitte mit sichtbarem Vermögensschwund, wie Börsianer sie gerade zu Beginn des dritten Jahrtausends durchleiden mussten, kann Marietta sich nicht leisten. Ihre Devise bei der Anlage lautet schon aus diesem Grund: Substanz erhalten und Erträge aus Obligationen guter Qualität erwirtschaften. So viel wert Marietta der gute Schlaf auch ist, will sie andererseits auf das gute Essen, das man sich langfristig als Aktionärin erlauben kann, keinesfalls verzichten. Sie muss daher der beruhigenden Sicherheit, die ihr die Kenntnis der Renditen auf ihr Obligationenportefeuille gibt, auch eine Portion Risiko beimischen. Um Investitionen in Aktien kommt sie deshalb nicht herum. Besonders im Alter will sie ja einen angemessenen Lebensstandard halten können.

Mit einer Rendite von durchschnittlich fünf bis zehn Prozent pro Jahr oder mehr hat Marietta mit ihrem richtigen Mix aus Aktien, Bonds und Cash über Jahre hinweg – meistens auch, wenn die Börsen wackelten – ein ansehnliches Ergebnis erwirtschaftet. Sie kann vertrauensvoll in die Zukunft blicken und hat ihr Ziel – stetiges Wachstum der finanziellen Rücklagen – erreicht.

Rezepte zur Vermeidung rapider Vermögenseinbrüche

Wir haben uns eingangs die Frage gestellt, ob es überhaupt Rezepte zur Vermeidung rapider Vermögenseinbrüche gibt. Dazu ist zu wiederholen, dass es auf den Finanzmärkten immer wieder zu Phasen kommt, die einseitig auf die Aktienbörsen ausgerichtete Investoren in die Knie zwingen. Wären Sie zum Beispiel zwischen März 2000 und Juli 2001 im Besitz eines reinen, mit erstklassigen europäischen und amerikanischen Titeln gemischten Aktiendepots gewesen, trügen Sie auf Euro-Basis mit einem Verlust von 15,60 Prozent eine rote Laterne im Vergleich zu Bondfans. Als Besitzerin eines reinen Bond-Depots mit fünfzig Prozent Euro-Bonds sowie einem gleichen Anteil USD-Bonds hätten Sie in der kurzen Zeit derselben eineinhalb Jahre mit zwanzig Prozent Rendite alle anderen Verteilungsschlüssel ausgestochen. Allerdings: Die Hälfte dieses Zuwachses entstammt dem Währungsgewinn von zehn Prozent aus dem in Euro umgerechneten Dollaranteil.

Hätten Sie indes in ein Depot aus 45 Prozent Aktien in internationalen Titeln sowie einem gleichen Anteil Anleihen (unter Beimischung von USD-Bonds guter Bonität) und dazu zehn Prozent in Cash investiert, wären Sie in der gar nicht so schlechten Lage eines kleinen Zuwachses von 2,34 Prozent gewesen. Sie hätten damit keine großen Sprünge machen können, aber jedenfalls Ihr Kapital erhalten.

Dass es mit den Bonds nicht immer so gut geht wie im Jahr 2000/2001, ersehen Sie aus dem mittelfristigen Vergleich von Anfang 1996 bis Juli 2001: Wer in dieser Zeitspanne ausschließlich auf Bonds setzte, gehörte zu den Verlierern. Er schaffte nicht einmal die Hälfte gegenüber Aktienanlegern, nämlich insgesamt nur siebzig Prozent oder rund fünfzehn Prozent pro Jahr, konnte dafür aber durchweg gut schlafen.

Wenn Sie Ihre Ersparnisse im selben Zeitraum von Januar 1996 bis Juli 2001 als Mischung aus Aktien europäischer und amerikanischer Bluechips aus dem Eurostoxx und Dow Jones zusammengesetzt hätten, wäre Ihr Vermögen um 172 Prozent vermehrt worden. Sie hätten jedoch zwischendurch immer substanziellen Wertverfall Ihres Depots hinnehmen müssen. Als Beispiele erinnere ich an den Herbst des Jahres 1997 – Stichwort Asienkrise, Börsenkrach – und die Zeit von August bis Oktober 1998, in der die Welt der Finanzen im Zuge einer gewaltigen Schieflage des amerikanischen Hedge Funds »Long Term Capital Management« (LTCM) erschüttert wurde. Nur konzertierte internationale Rettungsaktionen unter Führung der US-Notenbank konnten überhaupt eine Stabilisierung bewirken. Den Börsianern gingen diese Zeiten durch Mark und Bein. Das Jahr 2000 war die Hölle für Technologiefreaks, und 2001 hat mit zweistellig prozentualen Verlusten auch für Aktiendepots mit Standardtiteln bis zum Herbst großen Schaden angerichtet.

Mit einem Mix aus Aktien, Bonds und Cash (Cashanteil zehn Prozent) hätten Sie zwar insgesamt über die Jahre vergleichsweise weniger Rendite auf Ihren Depotbestand gehabt als mit einem reinen Aktienportefeuille, Sie hätten es im gesamten Beobachtungszeitraum aber immerhin auf einen Zuwachs von 110 Prozent auf Euro-Basis gebracht. Die geringere Rendite gegenüber Aktien ist durch den Vorteil weniger starker Buchverluste während der Crashphasen aufgewogen worden. Der Obligationenanteil wirkt in solchen Fällen wie der Stoßdämpfer eines Autos auf Ihren Vermögensausweis, indem er die Kurseinbrüche der Aktien auffängt und zumindest teilweise kompensiert.

Im *langfristigen Vergleich* ist die Überlegenheit der Aktienrendite zwar eindeutig, aber eindeutig ist auch ihre bedeutend höhere Schwankungsbreite, die Volatilität. Die folgende Tabelle stellt den oben geschilderten Vergleich zwischen den Resultaten strategisch unterschiedlich aufgebauter Depots über einen Zeitraum von siebzehn Monaten sowie über eine Zeit von fünfeinhalb Jahren dar.

Asset Allocation (Portfolio)	**Rendite in Euro von März 2000 bis Juli 2001**	**Rendite in Euro von Januar 1996 bis Juli 2001**
100 % international gemischtes, reines Aktiendepot	*- 15,60 %*	*+ 172 %*
45 % internationale Aktien, 45 % Bonds (inkl. USD-Bonds) und 10 % Cash	*+ 2,341 %*	*+111,67 %*
100 % Bond-Depot (Euro-USD gemischt)	*+ 20 %* *(Die Hälfte davon allein durch Währungsgewinne)*	*+ 70 %*

Und die Moral von der Geschichte? Das Geheimnis langfristigen Vermögenswachstums unter gleichzeitiger Minimierung schmerzlicher Verlustphasen liegt im richtigen Mix der vorhandenen Mittel in Aktien, Bonds und Cash. Profis nennen diesen Vorgang *Asset Allocation*. Er umschreibt die prozentuale Zuweisung des Kapitals in die unterschiedlichen Anlageinstrumente und Titel. In welchem Verhältnis sollte eine smarte Investorin nun aber Aktien, Bonds und Cash miteinander mischen? Welche prozentuale Verteilung ist für die verschiedenen Anlegertypen richtig oder angemessen?

Voilà, da wären wir wieder bei der Faustregel, die ich bereits erläutert habe: Zur Abfederung von Verlusten an der Börse, die Ihre Performance zuweilen auch über Jahre beeinträchtigen können, sollte der Aktienanteil als grobe Messlatte auf hundert Prozent minus Alter begrenzt werden.

RAT

Ausschlaggebend für jede Anlagestrategie ist die Höhe des Gesamtvermögens, das heißt die Frage, ob das Volumen ausreicht, um Risiken zu streuen. Liegt der Gesamtbetrag der vorhandenen Mittel unter 100 000 Euro, so sollte man vorzugsweise Fonds kaufen, weil dort professionell diversifiziert wird.

Fünf goldene Anlageregeln

1. Je kürzer die Laufzeit bei Bonds, desto niedriger der Ertrag.
2. Je länger die Laufzeit bei Bonds, desto größer der Ertrag bei zunehmenden Risiken. (Kurs/Rückzahlung)
3. Je höher die Rendite über dem Marktzins liegt, desto schlechter die Qualität der Anlage. (Schuldner/Währung)
4. Nicht alles auf eine Karte setzen – das Geheimnis steten Wachstums der ersparten Mittel heißt, Risikobegrenzung durch Diversifikation in verschiedene Anlageinstrumente.
5. Die Höhe der vorhandenen Mittel, Zeit- und Nervenfaktoren beeinflussen den Anlageerfolg erheblich.

Keine Angst vor dem Crash!

Die Stimme am Telefon überschlägt sich, so dass ich sie im ersten Moment gar nicht einordnen kann: »Der Tower brennt!« Wer ist das, denke ich und sage: »Welcher Tower?« Dann erkenne ich den Singsang-Tonfall von Mia, einer Zürcher Bankerin. Sie spricht schnell, hektisch und in höchster Aufregung: »Das World Trade Center steht in Flammen. Du musst CNN anstellen!« Noch bevor ich antworten kann, legt sie den Hörer auf. Ich folge ihrem Rat und bin kurze Zeit später ebenso schockiert wie alle anderen, die das Drama im New Yorker World Trade Center vor dem Bildschirm miterleben. Ein Science-Fiction-Film, so meinen viele, die die Kommentare zu dem Ereignis nicht hören. Doch in Wahrheit ist es ein geplanter Terrorakt – ein Volltreffer auf die Wallstreet, das Zentrum der globalen Finanzmärkte, aber auch ein Volltreffer auf ein Symbol westlicher Zivilisation und freiheitlichen Denkens.

Ich höre, dass in New York der Börsenhandel abgebrochen wurde und – wie sich später herausstellt – die ganze Woche ausgesetzt werden soll. In Europa und Asien, wo alle Börsen weiterlaufen, reißen Panikverkäufe die Aktienmärkte in die Tiefe. Am stärksten trifft es jene Sektoren, deren Geschäftsergebnisse als unmittelbar betroffen eingeschätzt werden: die Versicherungen, die am Ende die Schadenssumme von gewaltigen Milliardenbeträgen berappen müssen (der Aktienkurs der Münchner Rück büßt am Tag des Grauens allein elf Prozent ein), die Airlines, die in den folgenden Wochen gewaltige Passagierausfälle haben werden (Lufthansa nimmt das mit einem Tagesverlust von fünfzehn Prozent vorweg), während Frankfurt insgesamt fast neun Prozent und Zürich gut sieben Prozent verlieren.

In den anderen Zentren sieht es ähnlich aus, denn die menschliche Tragik ist nur eine der Folgen des brutalen Terroraktes. Eine andere betrifft die bange Frage nach dem Verlauf der ohnehin nicht mehr blühenden Weltwirtschaft, die sich gerade anschickt, endlich aus dem Tal der Tränen aufzutauchen. Jetzt aber fragen sich viele Experten: Gerät die globale Konjunktur in eine echte Krise? Das war aus damaliger Sicht sehr wohl in Erwägung zu ziehen, denn viele verängstigte Konsumenten, die in den großen Städten weltweit ihre Häuser nicht mehr verlassen wollten, konnten kaum das Nötigste einkaufen. Andere gingen nicht mehr auf die Straße, weil sie wie gebannt am Fernseher klebten und jede Neuigkeit verfolgen wollten.

Leidtragende waren nicht nur die Reise- und Fluggesellschaften sowie deren Zulieferer, sondern auch die Geschäfte, die Restaurants und Hotels. Medienkonzerne mussten bei ihren Fernsehsendern auf Werbeeinnahmen verzichten, wichtige Verkaufsabschlüsse der Softwarekonzerne, die traditionell gegen Quartalsende fällig sind, wurden verschoben, und das alljährliche Herbst-Meeting des Internationalen Währungsfonds wurde abgeblasen. Dies sind nur wenige Beispiele aus der Reihe von Veränderungen, die nach dem 11. September das Geschehen charakterisierten.

Und so kam, was kommen musste: Dem Zusammenbruch der WTC-Türme folgte bei Wiedereröffnung des Handels eine Woche nach dem Ereignis der Crash an der Wallstreet. Im Sog der fallenden Kurse reißt ein Papier das andere in die Tiefe. Die Baisse nährt die Baisse. Und sie ist weltweit. Die Wallstreet hat nun wieder die Führung übernommen, Tokio, London, Zürich, Amsterdam und die deutschen Börsen sind gefolgt. Wie schnell die Börse tickt, zeigt die Entwicklung des Dow Jones Index. Er brach in sieben Tagen um 1365 Punkte oder vierzehn Prozent ein, während der breiter gefasste S&P 500 unter die 1000-Punkte-Marke rutschte – Kursverlust 11,64 Prozent. Rastlos und ratlos – so erlebte ich auch die Schweizer Börsenhändler am »Schwarzen Freitag«, dem 21. September. Sie sprachen gegen Mittag von einer »überverkauften Situation« nach den vorherigen zweistellig prozentualen Verlusten und setzten auf eine Erholung der Indizes S&P, SMI und DAX. Dann eine Bombendrohung aus London – und alle Indizes gingen mit dem S&P wieder in die Knie.

Das Blutbad und die Ratlosigkeit an den Weltbörsen motivierten mich schließlich dazu, meinen alten Guru, Mentor und »zweiten Vater« Guenter Reimannn in New York anzurufen. Der Begründer der *International Reports* ist heute 97 Jahre alt und hat als Finanzexperte schon zwei Weltkriege sowie zahlreiche Ups and Downs miterlebt. »Wir stecken«, so rief er in den Hörer, »mitten in einer Weltkrise, die vieles verändern wird. Ob Bush in dieser Lage richtig handelt, weiß niemand. Gegen den Terror kann nur mit Terror, nicht mit den Regeln der Demokratie gekämpft werden! Sollte Bush mit militärischen Mitteln zuschlagen, wird er kritisiert werden. Sollte er es nicht tun, wird er noch mehr kritisiert werden.«

»Und was passiert bei einem Einmarsch der Amerikaner im Terror-Territorium?«, fragte ich.

»Zunächst dürfte das zu einem Taucher an der Börse führen. Dann muss man kaufen. Die Interpretation: Die USA setzen sich ein. Die Demonstration der Stärke wird eine euphorische Stimmung auslösen, die auch die Märkte erfasst. Dann wird es nur noch Käufer geben – und kaum jemanden, der verkaufen möchte. Die Hausse wird kommen und verstärkt sich durch die von tiefem Niveau steigenden Kurse von selbst. Aber bevor das geschieht, wird die Lage an den Weltbörsen total ungewiss bleiben. Die bange Frage lautet: Wird sich eine neue Abwärtsspirale an den Aktienmärkten entwickeln, wenn die USA zurückschlagen? Wird das Konsumentenvertrauen wegen der immensen Vermögensverluste weiter einbrechen? Es wird primär aus *psychologischen*

Gründen Ausschläge nach oben und nach unten geben, wobei die Tendenz kurzfristig eher nach unten, danach eher hinaufgehen dürfte. Die Liquidität nimmt zu. Das ist eine Gefahr, weil zu hohe Liquidität immer zu großen Schwankungen führt.«

Retrospektiv lässt sich sagen, dass mein alter Guru zwar nicht mit Blick auf den Ablauf der Ereignisse, aber in der Prognose der Märkte wieder einmal Recht behalten sollte. Es stellte sich heraus, dass die Aussicht auf Verschlechterung der wirtschaftlichen Fundamentals sich weniger stark auf die Aktienmärkte ausgewirkt hat als die Psychologie der Anleger. Die Angst vor dem möglichen Gegenschlag, die Angst vor einem erneuten Angriff der Terroristen, die schwer einzuschätzenden Konsequenzen daraus waren mindestens so groß wie die zu erwartende negative Tendenz der wirtschaftlichen Daten.

Doch die Psyche beherrschte die Märkte damals nicht lange – schon in der Woche nach dem »Schwarzen Freitag« sollten die Indizes deutliche Kursgewinne ausweisen. So schaffte es der Swiss Market Index in fünf Tagen, fast den gesamten Verlust der beiden vorangegangenen Wochen von siebzehn Prozent wieder wettzumachen. Bei den übrigen führenden Indizes in der Welt war es ähnlich. Der Grund? Weitere Hiobsbotschaften blieben aus – das besonnene Vorgehen der Amerikaner auf dem Pfad der Anti-Terror-Bekämpfung wurde positiv vermerkt und vor allem: Das US-Wirtschaftsprogramm wurde laufend aufgestockt. Es zeichnete sich eine weit über 100 Milliarden US-Dollar betragende Summe ab. »Wenn das keine positiven Reaktionen bei den Gewinnen der Firmen auslöst«, dachte sich bestimmt so mancher Investor mit Erleichterung.

Das Tempo der Entwicklung bestätigte erneut die Weisheit des alten Meir Carl Rothschild: An der Börse muss man es so halten wie beim Bad im kalten Wasser – rasch hineinspringen und rasch wieder herausspringen. Das ist natürlich kein Rezept für Sparer – wohl aber eine goldene Regel für Banker, Makler und Leute, die hoffen, im Auf und Ab der Kurse ein kleines Vermögen zu gewinnen. Und glauben Sie mir, sie gilt noch heute.

Eine von der Schweizer Bank Wegelin publizierte Studie, die die Einflüsse von 28 verschiedenen Krisen seit 1940 analysiert, zeigt, dass es sich auch in diesem Fall nicht um eine Ausnahme handelt. Nur fiel die Korrektur heftiger aus als in der Vergangenheit. Im Schnitt der Jahre verbuchte der Dow Jones Industrial in turbulenten Phasen Einbußen von gut sieben Prozent. Aber bereits nach drei Monaten lag das Börsenbarometer wieder durchschnittlich 6,8 Prozent über dem Tiefstand, um diesen nach zwölf Monaten insgesamt um 12,5 Prozent zu übertreffen.

RAT

Wer es gewohnt ist, mit Wertpapieren umzugehen, der behält im Crash die Nerven. Sofern er nicht bei besseren Kursen schon Gewinne realisiert hat, bleibt er im Abwärtsstrom und denkt daran, dass jeder Baisse eine Erholung folgt – so wie man in der Hausse zu sagen pflegt: Die nächste Baisse kommt bestimmt.

Dazu gehört aber nicht nur ein gutes Nervenkostüm, sondern auch eine gute wirtschaftliche Basis, die es erlaubt, Wertpapiere eine längere Zeit im Depot zu belassen, ja – sie längere Zeit nicht zu beachten.

RAT

Ein wichtiger *Schutz vor Verlusten bei Börsenstürzen* bleibt, was ich im vorigen Abschnitt beschrieben habe: die *Diversifikation*. Ich wiederhole meinen Rat:

- Legen Sie nie alle Eier in ein Nest! Mit anderen Worten – kaufen Sie niemals nur eine Aktie, sondern mindestens fünf verschiedene. Die Rechnung ist einfach: Haben Sie nur einen Titel, so könnte ausgerechnet der in einer sich zuspitzenden Lage *Totalverlust* erleiden. So ist es nach dem 11. September zum Beispiel den Aktionären der nationalen Airline der Schweiz, der Swissair, gegangen. Wer außer dieser Aktie noch vier andere hatte, hat zumindest nicht sein gesamtes Erspartes verloren. Vielleicht hatte er sogar einen anderen Titel dabei, der aufgrund der veränderten Situation – die militärnahe Branchen und einige Titel der Telekommunikation begünstigte – ein so genannter *Outperformer* wurde und damit weit besser als der Schnitt lag.
- Vor dem Aktiendepot sollte immer ein Obligationenportefeuille guter Qualität Wache stehen! Besonders jene Millionen Kleinsparer, denen man kürzlich geraten hat, Aktien zu kaufen und die heute besorgt auf ihr Bankkonto schauen, sollten sich angesprochen fühlen.
- Investieren Sie als Kleinanleger in gemischte Fonds – das heißt: Kaufen Sie einen Anteil eines Investmentinstruments, das Gelder von vielen Sparern sammelt, die dann professionell in die Sektoren Aktien, Bonds und Cash in viele verschiedene Titel gestreut werden. Natürlich können sich diese Anlageinstrumente den Kurstendenzen an den Börsen oft ebenso wenig entziehen wie die einzelnen Aktien oder Obligationen, die sie halten – ein Crash schlägt in jedem Fall bei ungesicherten Portefeuilles auf das Anlageergebnis durch. Fonds geben aber die Möglichkeit, Budgets professionell diversifizieren zu lassen.

In diesem Zusammenhang sei das Leid eines Ehepaars erwähnt, dessen Bank im Jahre 1999 alle hart erarbeiteten Ersparnisse der alten Leute – 200 000 Euro – in vier oder fünf Titeln des Neuen Marktes investiert hat. Nun sind davon gerade noch zehn Prozent übrig! Die Bank hat eine bereits erwähnte Grundregel missachtet: Je breiter die Streuung, desto geringer das Risiko. Meines Erachtens müsste sie regresspflichtig gemacht werden. Sie hätte die Summe in einen gemischten oder mehrere Fonds mit verschiedenen Branchen investieren sollen.

Zur Börsenentwicklung nach dem 11. September schrieb ich in meinem Internet-Bericht für den Smart Ladies Investment Club: »Politische Börsen haben kurze Beine! Das haben die Krisen der Vergangenheit bewiesen. Die Einbrüche, wie etwa nach dem Kuba- oder Golfkriegsdebakel, waren nur temporär.

Ob die Situation diesmal vergleichbar ist? Experten zweifeln mehrheitlich daran. Die Ereignisse in den USA haben die Welt verändert. Das deutsche Wort »Angst« wird heute auch jenseits des Atlantik benutzt, weil ein Synonym für den Zustand der Menschen in der eigenen Sprache fehlt.

Gewiss ist, dass die Welt von erhöhten Sicherheits- und Verteidigungsmaßnahmen geprägt werden wird. Aber so sehr die Wirtschaft mit Blick auf das Konsumentenklima auch leiden mag: *Immer, wenn in der Geschichte ein starkes Land seine Rüstungsausgaben erhöhte, profitierte davon am Ende sein allgemeines Wirtschaftswachstum.*

Neben der Erhöhung von Ausgaben für Verteidigung und Sicherheit wird ein nie vorhergesehenes Programm von Stützungsaktionen in den Finanzmärkten der USA und der EU sichtbar.

Es reicht von Rückkauf-Ankündigungen eigener Aktien durch Firmen über Zinssenkung der Federal Reserve Bank, der EZB und SNB bis hin zu massiven Regierungsinvestitionen in die Fluggesellschaften sowie zur Stützung der Konsumenten durch erneute Steuersenkungen.

Die Anlageampeln sprangen damit von Rot auf Orange. Es galt nun, sich auf das neue Umfeld einzustellen und sich mit Blick auf die veränderte Situation neu zu positionieren. Und zwar nicht nur aus der Sicht von Investoren, die Direktkäufer von Aktien und Obligationen sind, sondern auch aus der Sicht jener, die Fonds bevorzugen. Um zu verstehen, was sich hinter diesem Begriff verbirgt, bitte ich Sie, mir in das nächste Kapitel zu folgen.

Die Anlagefonds

Die Grundidee ist einfach: Es wird ein Sammelvermögen gebildet. Eine Vielzahl von Anlegern leistet Einzahlungen, die zu einem Fondsvermögen zusammengefasst werden, das in ausgewählte Anlagen investiert wird. Der einzelne Anleger besitzt einen seiner Einlage entsprechenden Anteil.

Ein Fonds ist ein Vermögen, das von einer großen Zahl von Anlegern und Anlegerinnen in einen zur Kapitalanlage bestimmten Topf einbezahlt wird. Die Anleger erhalten Anteilscheine, die sie entsprechend ihrer Kapitaleinlage an dem Gesamtwert des Fonds beteiligen.
Die Fondsleitung verwendet die Mittel treuhänderisch auf Rechnung der Anleger nach dem Grundsatz der Diversifikation. Sie kauft Wertpapiere mit dem Ziel, Kursschwankungsrisiken einzelner Titel durch andere in diesem Fonds liegenden Positionen zu minimieren.

Eines Tages besuchte ich meine Freundin Hanna, die schon erwähnte leidenschaftliche Obligationen-Anhängerin, in ihrem Büro in der Zürcher City. Die alte Dame thronte inmitten ihrer Unterlagen und empfing mich hoch erfreut. Brennende Probleme pflegt sie mit den Worten einzuleiten: »Laut Bernard Shaw gibt es keine dummen Fragen. Es gibt nur dumme Antworten.«

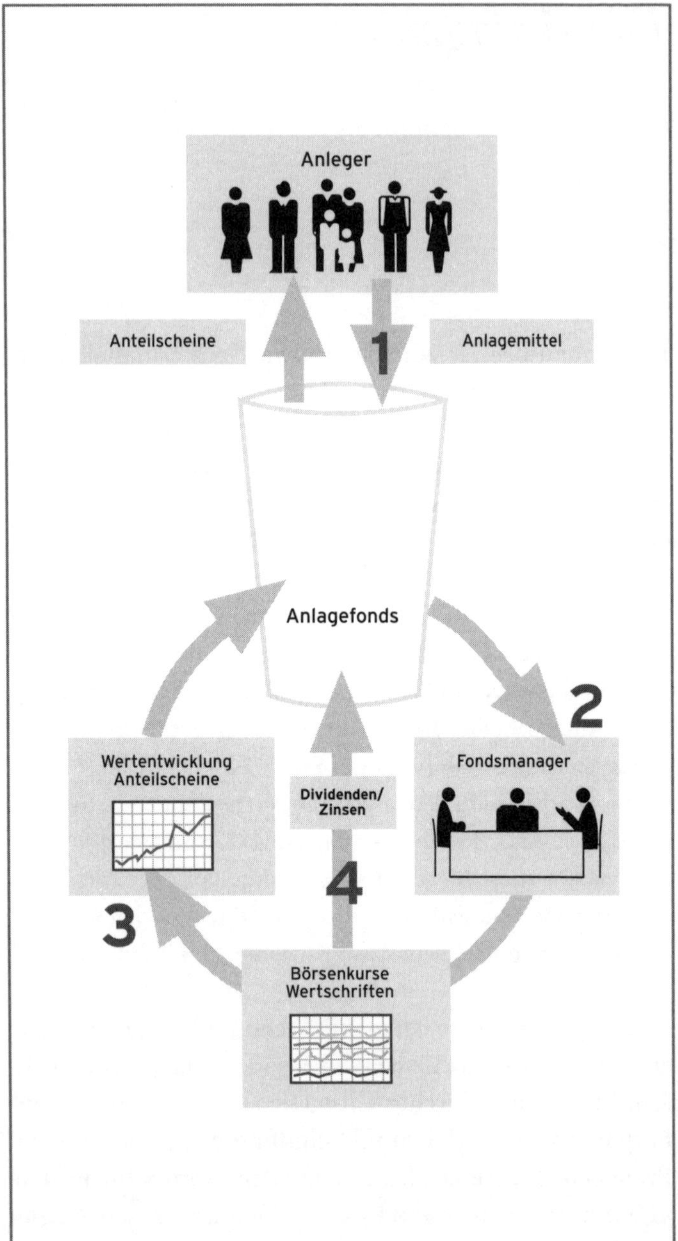
Anleger
Anteilscheine
1
Anlagemittel
Anlagefonds
2
Fondsmanager
Wertentwicklung
Anteilscheine
Dividenden/
Zinsen
4
3
Börsenkurse
Wertschriften

»Ja, ja, Hanna – ich weiß. Schieß los, was hast du auf dem Herzen?«

Nun klagte mir Hanna ihr Leid. Sie hatte einen Fonds für ihren Bruder gekauft, und dieser Fonds hatte seinen Wert im Zuge des Sturzes der Technologieaktien innerhalb eines halben Jahres halbiert. Hanna regte sich wahnsinnig auf, was ich verstehen konnte. Sie kommentierte: »Einige Aktien gefallen mir überhaupt nicht in diesem Fonds. Kann ich die verkaufen?«

Ich war, gelinde gesagt, überrascht. Meine Antwort: »Als Fondsanlegerin hast du grundsätzlich keinen Einfluss darauf, in welche einzelnen Papiere dein Geld investiert wird. Wir haben aber vor deinem Kaufentscheid geprüft, welchen Anlagestrategien der von dir ausgewählte Kandidat unterliegt und welche größten Einzelposten er hat. Wenn du dich einmal für den Kauf eines Fonds entschieden hast, kannst du Einzeltitel daraus nicht verkaufen, sondern du bist der Politik des jeweiligen Fondsmanagers ausgesetzt. Du kannst deinen Unwillen nur durch den Verkauf der gesamten Fondsanteile dokumentieren.«

Wer sich einen tieferen Einblick verschaffen will, der folge mir mit einem Blick auf nebenstehende Grafik auf einen kleinen Exkurs in das Fondswesen.

Die Rechte der Anleger

- Beteiligung am Vermögen und Ertrag
- Recht auf Auskunft
- Recht der Kündigung der Anteile

Die Depotbank

- bewahrt das Fondsvermögen auf
- besorgt die Ausgabe und Rücknahme von Anteilen
- überwacht die Fondsmanager
- sorgt für einen regelmäßigen Börsenhandel

Das Fondsmanagement

- verwaltet den Fonds und trifft die Kauf- und Verkaufsentscheide
- entscheidet über die Ausgabe von neuen Anteilen sowie die Verfassung der Geschäftsberichte

Die Wertentwicklung der Anteilscheine

- Die Fondsgesellschaft berechnet an jedem Börsentag die Wertentwicklung der Anteilscheine. Dabei werden alle Wertpapiere zu ihrem aktuellen Börsen- und Devisenkurs berechnet und damit der Depotwert des gesamten Fonds ermittelt. Bei Obligationen und Geldmarktanlagen werden zudem die aufgelaufenen Zinsen berechnet und zum Kurswert addiert.
- Durch einen Pauschalabzug für die verschiedenen Kosten des Fonds (Verwaltungsgebühr, Druckkosten des Halbjahres- und Jahresberichtes, Revisionskosten etc.) wird der *Netto-Inventarwert* ermittelt – meist wird der englische Ausdruck *Net Asset Value* benutzt –, der den Wert aller Anlagen abzüglich der anteiligen Kosten widerspiegelt. Danach wird der Inventarwert durch die Anzahl der sich im Umlauf befindlichen Anteilscheine geteilt und so der Wert pro Anteilschein berechnet.

Beispiel:
Das gesamte Fondsvermögen beträgt 1 Million Euro, und der Fonds hat 100 000 Anteilscheine ausgegeben. Die Formel zur Ermittlung des Wertes eines Anteilscheins lautet: 1 Million: 100 000 = 10 Euro.

Der Ausgabepreis
entspricht dem Inventarwert pro Anteilschein zuzüglich einer Ausgabekommission.

Der Rücknahmepreis
entspricht dem Inventarwert, oft, aber nicht immer, abzüglich einer Rücknahmekommission.

RAT

Wenn Sie überprüfen wollen, wie der Anlagemanager reagiert und ob es ihm gelingt, den Markt zu schlagen, sollten Sie die Performance des Fonds mit der Entwicklung der Börsenindizes des Marktes vergleichen, in den der Fonds investiert. Bei einem Fonds, der hauptsächlich in amerikanische Technologieaktien investiert, ist die Messlatte, der Benchmark, der Index der US-Technologiebörse Nasdaq. Viele Fondsgesellschaften informieren auf ihren Websites monatlich über die Entwicklung ihrer Fonds.

Offene und geschlossene Fonds

Grundsätzlich unterscheidet man zwischen *offenen* und *geschlossenen* Fonds, wobei offene Fonds überwiegen. Geschlossene Fonds finden sich in den USA häufiger als in Europa.

Offene Fonds
- Unbegrenzte Ausgabe von Anteilscheinen, die in der Regel entsprechend der Verkaufswünsche der Investoren täglich durch die Depotbank zurückgenommen werden.
- Der Kurswert eines Anteils richtet sich nach der Wertentwicklung der zugrunde liegenden Titel oder Vermögen.

Aufgrund ihrer permanenten Kündbarkeit handelt es sich bei Schweizer Anlagefonds zwingend um offene Fonds.

Geschlossene Fonds

- Ausgabe einer bestimmten, vorausgeplanten Anzahl von Anteilscheinen. Wenn diese Anteile verkauft sind, wird der Fonds geschlossen.
- Der Kurswert eines Anteils richtet sich nicht wie bei offenen Fonds präzise nach der Wertentwicklung der zugrunde liegenden Titel oder Vermögen, sondern nach dem *Verhältnis zwischen Angebot und Nachfrage* der Anteilscheine. Das bedeutet, dass die Wertentwicklung von geschlossenen Fonds im Falle boomender Börsen und großer Nachfrage nach Anteilscheinen ein *Agio* (einen Aufpreis) gegenüber dem Wert der zugrunde liegenden Titel, dem Net Asset Value, aufweist.

  Umgekehrt verhält es sich, wenn sich keine Käufer für diesen Fonds finden. Dann wird der Wert der Anteilscheine schnell ein *Disagio* aufweisen und damit unter dem tatsächlichen Wert der zugrunde liegenden Titel notieren.

RAT

Eine Gefahr bei geschlossenen Fonds liegt darin, dass der Verkäufer anders als bei offenen Fonds keinen Anspruch auf Rückgabe des Anteils an die Fondsgesellschaft hat, sondern der Anteilschein durch andere Anleger übernommen werden muss.

Als weiteres grundsätzliches Unterscheidungsmerkmal gilt die Frage, ob ein Fonds *ausschüttet* oder *thesauriert.*

- Die *Ausschüttung* bezieht sich auf die laufenden Erträge, nämlich Zinsen und Dividenden, die einmal oder mehrmals jährlich ausgeschüttet werden und unter die Einkommensteuer fallen.

- *Thesaurierende Fonds* investieren diese Erträge wieder durch Neukauf von Wertpapieren, die dem Fonds zugefügt werden.
- Steuerlich werden thesaurierende Fonds in Deutschland und der Schweiz gleich behandelt: Die Fondsgesellschaft listet Kapitalgewinne und Erträge der in dem Fonds enthaltenen Wertschriften separat auf und informiert die Anleger darüber. Wie schon erwähnt, sind Kapitalgewinne (in Deutschland unter Einhaltung der Spekulationsfrist) auf Wertschriften im Gegensatz zu den Erträgen grundsätzlich steuerfrei.

Unterscheidung der Fonds nach Anlagesektoren

- *Geldmarktfonds* legen ihre Mittel in kurzfristige, festverzinsliche Geldmarktpapiere an, deren Restlaufzeit unter einem Jahr liegen muss.

RAT

Vorteil:
Möglichkeit der täglichen Abrufbarkeit des Geldes.
Nachteil:
Die Renditen orientieren sich am Geldmarktzinsniveau und sind deshalb in der Regel niedrig. Das ist der Preis für Kurssicherheit und Liquidität.

- *Renten-*, *Obligationen oder Bondfonds* investieren ihre Mittel in Obligationen mit oder ohne Zinskupon. Ihre Zinserträge unterliegen in Deutschland der Einkommenssteuer,

aber wie bei den Geldmarktfonds nur dann, wenn der Anteilseigner den Rahmen des Sparfreibetrages überschritten hat.
In der Schweiz unterliegen Zinserträge der Einkommenssteuer, aber wie bei den Geldmarktfonds nur dann, wenn der Anteilseigner zum Zeitpunkt des Jahresabschlusses des Fonds Anteilseigner war.

RAT

Wie alle Anleihen, die an der Börse gehandelt werden, schwanken auch die Kurse der Rentenfonds je nach Zinstendenz. Bei deutlichem Anstieg der Marktzinsen können sie auch negative Performance haben. Es empfiehlt sich daher, in Zeiten niedriger Marktzinsen in Fonds mit kurz- oder mittelfristig laufenden *Obligationen* guter Qualität zu investieren.

- *Aktienfonds:* Man unterscheidet *aktiv* und *passiv* gemanagte Fonds. 95 Prozent aller Fonds für Privatanleger sind aktiv gemanagte Fonds, die aufgrund einer bestimmten Anlagestrategie versuchen, mehr Rendite durch den Kauf und Verkauf von Aktien zu erwirtschaften als ihr Vergleichsindex beziehungsweise Benchmark. Passiv gemanagte Fonds bilden hingegen Börsenindizes nach, ohne eine eigene Anlagepolitk zu verfolgen.
- *Bluechip-Fonds* zielen auf die Anlage in die größten global produzierenden Unternehmen mit der höchsten Börsenkapitalisierung. Sie sind langfristig weniger starken Schwankungen in der Kursentwicklung ausgesetzt als jene Firmen, die nur mittlere oder kleine Börsenkapitalisierung (*Nebenwertefonds* oder *Smallcap-Funds*) besitzen.
- *Themen-* oder *Branchenfonds* investieren in eine bestimmte

Branche, wie zum Beispiel Edelmetalle, Rohstoffe, Energie, Immobilien, Pharma, Technologie oder Wasser.

Auch der beste Fondsmanager der Welt kann den Markt nicht dauerhaft schlagen. Selbst der Bundesverband Deutscher Investmentgesellschaften räumte ein, dass 83 Prozent aller in Deutschland angelegten Aktienfonds dieses Ziel in den vergangenen Jahren verfehlten. Diese Größenordnung gilt übrigens nicht nur für Europa, sondern auch für die USA. Die Ausnahmen sind jene, die ihr Fondsprodukt in Zeiten der Krisen, also 1987 nach dem Oktober-Crash, 1991 während der Golfkrise oder im Herbst 1997 oder 1998 starteten.

In den anglo-amerikanischen Ländern feiert längst eine Variante Erfolg, die bei uns noch nicht wirklich zum Zuge gekommen ist: *Index-Fonds*. Hier unternimmt das Management gar nicht erst den Versuch, durch eine besonders raffinierte Auswahl von Aktien eine überdurchschnittliche Rendite zu erzielen:

- *Aktien-Indexfonds* bilden einfach nur *passiv* einen Aktienindex wie etwa den Dax oder Dow Jones Stoxx ab. Die völlig identische Abbildung ist aber nicht immer möglich, weil oft zu viele Aktien in einem Index sind. Je mehr Titel ein Börsenbarometer enthält, desto teurer wird seine Nachbildung. Das Kriterium dieser Indexfonds bleibt jedoch, dass sie nicht aufgrund eigener Anlageentscheide investieren, sondern die wesentlichsten Wertpapiere in der gleichen proportionalen Gewichtung wie ihr Index in ihren Fonds integrieren.

Vorteil:
Sie beteiligen sich mit einem einzigen Fondsanteil prozentual am Aktienmarkt, den der Index repräsentiert. Da-

mit ist optimale Risikostreuung garantiert. Außerdem erzielt der Indexfonds etwa dieselbe Performance wie sein Benchmark und erreicht mit dieser passiven Strategie oft höhere Erträge als die meisten aktiv gemanagten Konkurrenten. Laut Columbia Business School haben US-Indexfonds in den vergangenen 36 Jahren im Schnitt 11,7 Prozent zugelegt, während aktiv gemanagte Fonds lediglich 9,9 Prozent Jahresrendite brachten.
Bei einem Indexfonds sind die Investoren lediglich dem Marktrisiko an der Börse ausgesetzt. Risiken, die durch falsches Management entstehen, wie zum Beispiel falsche Titelauswahl oder falsches Timing, sind ausgeschaltet. Bei steigender Börsentendenz sind Indexfonds deshalb oft die bessere Wahl. Sie sind auch bedeutend kostengünstiger als aktiv gemanagte Fonds.

Nachteil:
In Crashzeiten, wie wir sie im Jahre 2000/2001 erlebten, sind aktive Fonds im Vorteil, weil sie höhere Cash-Positionen halten und damit Verluste abfedern können.

RAT

Die Entwicklung der auf die Benchmarkindizes Euro-Stoxx oder Stoxx ausgerichteten Fonds dürfte vom Liquiditätszufluss profitieren, den das neue Rentensystem, die so genannte »Riester-Rente«, ab Januar 2002 hervorrufen wird. Die Altersvorsorge der privaten und betrieblichen Arbeitnehmer wird staatlich gefördert, und damit entstehen neue, aktienbezogene Anlageprodukte.

- *Anlagestrategiefonds* oder *Mischfonds* repräsentieren einen Mix aus Aktien-, Bond- und Geldmarktfonds.

RAT

Vor dem Kauf eines gemischten Fonds sollte grundsätzlich der proportionale Anteil von Aktien und Anleihen des begehrten Kandidaten studiert werden. Je höher der Aktienanteil ist, desto schwankungsgefährdeter die Wertentwicklung des entsprechenden Fonds.

- *Hedge Funds* sind nicht auf ein geografisches Gebiet beschränkt, sondern können überall auf der Welt und in allen Branchen in Aktien, Obligationen, Devisen und Derivate investieren. Sie können auch Leerverkäufe tätigen, das heißt Aktien und andere Werte, die sie gar nicht besitzen, unter bestimmten Bedingungen verkaufen oder Hebelwirkung erzeugen. Letztere entsteht dann, wenn unter zusätzlicher Kreditaufnahme *(Leveraging)* ein Vielfaches des effektiven Vermögens in entsprechenden Werten angelegt wird.

RAT

Hedge Funds schützen nicht vor Kursverlusten, wie es ihr Name (hedge = Absicherung) etwas trügerisch vortäuscht. Richtig dosiert können sie aber das Risiko eines Portefeuilles senken.

Richtig bekannt wurden Hedge Funds in den achtziger und vor allem Anfang der neunziger Jahre, als der damalige unumstrittene Herrscher des Hedge-Fund-Olymp, George Soros, mit seinem »Quantum Fund« Jahr für Jahr außerordentliche Erträge erzielte. Soros legte sich 1992 mit der englischen Notenbank an. Indem er gegen das Pfund Sterling spekulierte und es aus dem europäischen Währungsverbund kippte, kassierte er eine Milliarde Pfund!

Die Asien- und später Russlandkrise machten 1997/98 nicht nur traditionellen Anlagen, sondern auch einigen Hedge Funds das Leben schwer. 1998 zeigten sich die Risiken »außer Kontrolle« geratener Hedge Funds, als im Long-Term-Capital-Management-Debakel das weltweite Finanzsystem beinahe kollabiert wäre. Ausschlaggebend dafür war hauptsächlich die Tatsache, dass der Fonds mittels Kreditaufnahme mit einer sehr hohen Hebelwirkung ein Vielfaches seines effektiven Vermögens investierte und damit voll auf die Nase fiel. Verschiedene Institute, unter anderem auch die europäischen Großbanken, verloren Gelder in Milliardenhöhe. Die ganze Branche geriet in der Folge in Verruf.

Die Entwicklung der Aktienmärkte in den Jahren 2000 und 2001 hat gezeigt, dass die vorsichtig dosierte Beimischung alternativer Anlagen einen gewissen »Schutz« gegen negative Trends der Aktienmärkte und daraus resultierende Kursverluste bietet. Allerdings wurde auch hier offenkundig, dass einzelne Hedge Funds zum Teil beträchtliche Verluste erleiden mussten, weshalb bei der Anlage in diese Instrumente eine ausreichende *Diversifikation* eingehalten werden sollte. Gerade in letzter Zeit wurden von verschiedenen Finanzgesellschaften solche neuen Produkte, Zertifikate oder Investmentgesellschaften herausgebracht, die öffentlich gehandelt werden und dieses Kriterium einigermaßen erfüllen. Als so genannter *Fund of Funds* investieren sie selber in *verschiedene* solcher Produkte und tragen dadurch den Grundsätzen der Diversifikation Rechnung. Die Gebühren für den Erwerb solcher Fonds sind aber besonders hoch.

Fondssparpläne

Wenn Sie schließlich »Ihren« Fonds oder gar eine Auswahl mehrere Investmentsfonds gefunden haben, bieten sich verschiedene Möglichkeiten der Durchführung der Investition. Sie können einerseits auf traditionelle Art anlegen, indem Sie einen bestimmten, einmalig zu zahlenden Betrag für die Anlage bereitstellen und gleich platzieren. Sie bezahlen dann einen fixen Preis für die entsprechenden Anteilscheine und überlassen es der Gunst der Stunde, ob sie gerade den richtigen Zeitpunkt zum Einstieg in den von Ihnen gewählten Markt treffen.

Das »Timing« ist zwar in der langfristigen Perspektive von untergeordneter Bedeutung; dennoch ist es, wie wir gesehen haben, in der kurzen oder mittleren Frist ausschlaggebend für die Performance. Wenn Sie schon Kenntnisse und gutes Marktgefühl besitzen, werden Sie deshalb im Falle turbulenter Märkte vielleicht nicht sofort ins kalte Wasser der Börse springen, sondern sich für eine Anlage innerhalb der Palette der Geldmarktfonds entscheiden.

Doch selbst für Profis ist es oft schwer, den richtigen Zeitpunkt für die Anlage zu erkennen. Es gibt deshalb Experten, die der Ansicht sind, dass der richtige Zeitpunkt für die Anlage überhaupt nicht existiert. Wahr ist, dass Aktienmärkte sich durch hohe Schwankungsintensität auszeichnen. Sie erbringen längerfristig aber auch eine höhere Rendite als Obligationen. Das wurde hier ausführlich geschildert.

Ein Ausweg aus dem Dilemma des Timings bei der Aktien-, aber auch der Obligationenanlage ist der *Fondssparplan.* Hier investieren Sie zumeist monatlich oder vierteljährlich einen festen Betrag in Ihre ausgewählten Fonds. Bei niedrigen Kursen werden dann im Vergleich mehr, bei steigenden Preisen weniger Anteilscheine erworben. So erzielen Sie über die Jahre relativ günstige Mischkurse *(Cost-Averaging)*. Solche Fondssparpläne werden von Sparkassen und Banken, aber in der Regel auch von Fondsgesellschaften angeboten.

Kosten

Der Börsenaufschwung der Jahre 1995 bis 2000 produzierte einen Fondsboom. Heute werden schätzungsweise international mehr als 20 000 Fondszertifikate gehandelt. Dabei sind in Europa im Gegensatz zu den USA, wo die Fonds vielfach von Investmentgesellschaften aufgelegt werden, in erster Linie die Banken und seit einiger Zeit die Versicherungen Herausgeber von Fonds. Sie wollen und müssen natürlich selber Geld damit verdienen. Doch wird das Fondsgeschäft oft als »Cash-Cow« der Finanzinstitute angesehen, weil *bis zu 3,5 Prozent des ausgewiesenen Fondsvermögens und damit auch Ihrer Fondsanlage pro Jahr durch Gebühren weggefressen* werden.

Zum Vergleich: Der Wertschriftenkauf bei einer Bank kostet je nach Volumen der in einen Titel angelegten Summe heute über den Daumen gerechnet nicht einmal die Hälfte und danach bis zum Verkauf lediglich die Depotgebühren. Im beratungsarmen »Online-Trading« sind die Gebühren, wie wir gesehen haben, massiv billiger. Jede Bank nimmt auf mehrfache Weise durch das Fondsgeschäft Geld ein, wobei die Ausgabeaufschläge von größeren Kunden – nicht aber von kleineren – ausgehandelt werden können. Die Tendenz der Gebühren steigt, und nicht alle der im Folgenden erwähnten Kosten werden offen ausgewiesen:

1. *Ausgabeaufschlag*, der zwischen einem und fünf Prozent betragen kann. Indexfonds schneiden am günstigsten ab.
   Der Rücknahmeabschlag kostet zwischen einem halben

und zwei Prozent und kann auch ganz wegfallen. Diese Kosten werden ausgewiesen. Beim Kauf über gewisse Direktbanken kann der Ausgabeaufschlag häufig um bis zu 75 Prozent reduziert werden.

2. *Transaktionskosten* für Käufe und Verkäufe der Wertpapiere werden nicht offen ausgewiesen, sondern zulasten des Ergebnisses des Fonds verrechnet.
3. *Verwaltungsgebühren*, die so genannten *Managementfees* für die eigentliche Vermögensverwaltung, können je nach Anlagekategorie und Bank zwischen 0,8 und 1,7 Prozent betragen. Auch diese Kosten werden nicht offen ausgewiesen, sondern zulasten des Ergebnisses des Fonds entnommen.
4. *Depotbankvergütung*, die zwischen 0,15 und 1,5 Prozent p. a. beträgt und der verwaltenden Bank des Fonds zugute kommt. Diese Kosten werden dem Anleger belastet und ausgewiesen.
5. *Depotgebühren* der Bank des Anlegers, die bei eigenen Fonds der Bank wegfallen, bei fremden Fonds aber bis zu 0,5 Prozent p. a. kosten. Sie werden dem Anlegerdepot verrechnet.

Es ist gewiss schwierig, sich als »Greenhorn« auf der mannigfaltigen Palette internationaler Fonds zurechtzufinden. Der »richtige« Fonds kann hier nicht so einfach empfohlen werden. Wie bei anderen Anlagen ist es von Vorteil, sich kompetent und seriös beraten zu lassen. Aber auch dann gilt: Wer die Wahl hat, hat die Qual! Ebenso wie bei der Selektion einzelner Aktien oder Renten, sollten Sie vor der Anlage Ihre persönliche Strategie entwerfen. Wollen Sie auf die internationale oder nationale Entwicklung der Märkte setzen? Bevorzugen Sie Aktien- oder Bondfonds, Bluechips oder Nebenwerte, Themen- oder Branchenfonds?

Sie sollten eine Auswahl von Prospekten zu den jeweiligen Fondsthemen studieren. Die Erfahrung der Fonds-Manager sowie deren ausgewiesener Erfolg der letzten Jahre *(Track Record)* ist genauso wichtig wie der gute Ruf des herausgebenden Vertriebspartners (zum Beispiel der herausgebenden Bank). Ein Aushängeschild für die Klasse des Fonds ist in der Regel die Transparenz der präsentierten Unterlagen.

Weitere zusätzliche Informationen können über größere Bankinstitute, Fachbücher oder auch das Internet bezogen werden. Einige informative Web-Seiten sollen hier erwähnt sein, wobei das »Universum« von Anbietern im Internet sicherlich weit größer ist und ich hier keinerlei Gewähr auf Vollständigkeit erheben kann. Mit den Suchbegriffen »Fonds«,«Aktienfonds«, »Rentenfonds«, »Alternative Anlagen«, »alternative investments« oder einfach »Hedge Funds« können viele Anbieter solcher Instrumente gefunden werden. Sie sind jedoch nicht immer neutral und umfassend.

www.funds-sp.com
www.feritrust.de
www.fondsweb.de
www.manager-magazin.de/magazin/artikel/ 0,2828,113928,00.html
www.benchmark.at
www.magnumf.com/hedgefunds/german.asp
www.matrixhedge.com/library/library.htm
www.rrcm.com/de/hedgefunds.html

Psychologie: Das eigene Leben der Börse

Als ich kürzlich in aller Herrgottsfrühe in mein Büro trat, klingelte schon das Telefon. Sehr ungewöhnlich für diese frühe Stunde hörte ich eine etwas exzentrische Bekannte namens Irina mit heiserer Grabesstimme flüstern: »Ich bin völlig verzweifelt. Ich kann selbst mit starken Schlaftabletten kaum noch schlafen, kann mich meinen Kindern nicht mehr widmen und wollte mir neulich schon das Leben nehmen.«

Was war der Grund? Irina hatte im Jahre 1999 mit Kaufoptionen auf die falsche Karte gesetzt. Im Frühling darauf trat mit dem Absturz der Technologie ein weiteres Drama für ihr Depot ein. Irina hoffte auf bessere Zeiten und blieb bis zum Kragen voll in Aktien investiert. Das war ein Fehler, denn die Börse erholte sich nur zeitweise. Alles in allem wurde die Situation schlimmer.

Der Tiefpunkt wurde erst im Herbst 2001 nach den Terrorangriffen auf Amerika erreicht. Genau in diesem schlechtesten Moment verlor Irina den Rest ihrer Nerven: »Da habe ich alles verkauft!« Sie hatte damit einen Verlust ihres gesamten Vermögens von fünfzig Prozent, der vorher nur in den Büchern stand, realisiert. Arme Irina – sie ist, wie sie selber sagt, völlig lebensuntüchtig und lebt vom ererbten Geld ihrer Eltern.

Die Denkschule der »Behavioral Finance«, die den Einfluss psychologischer Verhaltensmuster auf die Finanzmärkte untersucht, umschreibt Phänomene, wie wir sie bei Irina beobachten können, als Kontrollverlust. Goldberg und von Nitsch geben dazu folgenden Kommentar: »In den Finanzmärkten erleben Teilnehmer einen Kontrollverlust, wenn sie beispielsweise nach einer Phase anhaltender Gewinne geglaubt hatten, den Markt fest im Griff zu haben. Doch plötzlich läuft alles gegen sie. Das Gefühl des Erfolges entpuppt sich als Illusion. Wenn dann deutlich wird, dass die Lage noch schlechter wird, folgt meistens der Rückzug. Womöglich schon in Panik, werden Verkaufsorders gegeben. Alles nur, damit das Gefühl des Ausgeliefertseins aufhört.«

Genau das ist Irina auch passiert. Nach den ersten Verlusten hatten ihre Vermögensverwalter, die zu den renommiertesten des Landes gehörten, ihr im Hinblick auf eine mögliche Erholung zum Halten der Positionen geraten. Doch anstatt eines stabilen Kursaufschwungs erlebten die Märkte eine Durststrecke. Die Tendenz ging unter Schwankungen immer weiter bergab anstatt hinauf, und dann kam der Crash! Als Konsequenz sank die Bewertung vieler Aktien auf ein wirklich günstiges Niveau, und es war sehr leicht verständlich, dass der Punkt der Wende sich damit abzeichnen würde.

Aber Irina war blockiert; sie vergaß, dass lineare Entwicklungen in den Finanzmärkten äußerst selten zu beobachten sind; dass unterschwellig doch stets viele Faktoren mitwirken und einander überlagern können, womit Umstände und Gewichte dauernd verändert werden. Was heute noch Gültigkeit besitzt, kann schon morgen ganz anders sein. Gerade die Börse ist vielen Schwankungen unterworfen. In einer Talsohle finden sich gewöhnlich starke Hände, die nur zu gern Material übernehmen, das von zittrigen Händen weggeworfen wird. Eine versierte Investorin wird demnach in Zeiten einer »Ausverkaufsphase« ihre vorhandene Liquidität für einen Einstieg in den Markt nutzen, anstatt sich am »Sellout« zu beteiligen.

Aber nicht nur Irina, sondern viele andere sind Fehleinschätzungen unterlegen. Verantwortlich dafür sind elementare Denkfehler, die Börsianern sehr viel öfter unterlaufen, als sie meinen. Es beginnt schon mit der Lektüre oder dem Anhören einer unpräzisen, oft betont modischen Börsensprache – einer Sprache, die Tagesmeinungen suggeriert und kolportieren will und dabei ständig übertreibt. Dabei unterstützt die Börsensprache oft falsche Richtungen, anstatt den richtigen Weg zu weisen. In turbulenten Märkten wird zum Beispiel regelmäßig mit mehr oder weniger starken Worten dann der »Crash« oder die »Panik« bejammert, wenn das Kind mit dem Bade ausgeschüttet ist. Anstatt diese Möglichkeit schon vorher an die Wand zu malen, stößt man auf Kommentare wie: »Der Bulle ist tot« erst, wenn sich gerade herausstellt, dass er so tot gar nicht ist, sondern Anstalten zur Wiederauferstehung macht. An die Stelle überzeugender Argumente tritt übrigens oft die Bildersprache.

So war kurz vor den tragischen Terroranschlägen, als gerade positive Wirtschaftsindikatoren ausgemacht wurden, im Blätterwald zu lesen: »Der Stier hat sich aufgerichtet!« Aber kurz darauf hieß es: »Jetzt kommt noch der Torero mit dem Schwert!« Die Bildersprache verschleiert oder übertreibt, sie ist jedenfalls unpräzise – klare Definitionen und kritische Argumentationen fehlen.

Die Börsenpsychologie provoziert somit oft die Regel, dass die Mehrheit falsch liegt. Meistens ergeben sich jedenfalls dann, wenn keiner mehr daran glaubt, Kurserholungen. Dann bedarf es nur noch weniger positiver Nachrichten, zum Beispiel einer extrem stimulierenden Geldpolitik und eines leicht positiven Drehens gewisser Konjunkturzahlen, um die Wende hervorzurufen.

Jetzt, im Oktober 2001, befinden wir uns offensichtlich wieder in dieser Phase. Wer in den vergangenen Tagen internationale Zeitungen wie die *Financial Times* oder das *Wallstreet Journal* las, bekam wegen der veränderten Geschäftslage nach dem Terror durchweg Gewinnwarnungen, Entlassungsschübe, Umsatzeinbrüche und bevorstehende Pleiten aufgetischt. Weltweit jagt heute eine Schreckensmeldung die andere: Argentinien steht vor dem Staatsbankrott, japanische Firmen wollen global 80 000 Stellen streichen, in London wird das Musical »Miss Saigon« abgesetzt, weil die amerikanischen Touristen nicht mehr kommen.

Doch obwohl darüber hinaus die Anzahl der Milzbrand-Fälle in den USA laufend zunimmt und der Einsatz von Bodentruppen in Afghanistan teilweise schon vollzogen ist, lassen sich die Börsen nur vorübergehend beeinträchtigen. Die Psychologie hat umgeschlagen, die Märkte wollen rauf. Es ist die pure Unlogik, die sich hier zeigt. Aber – so sagen die Profis – die Börse dreht eben ein Quartal vor dem konjunkturellen Tief. Investoren, die unabhängig zu denken verstehen und Gespür für gute Möglichkeiten haben, können in solchen Zeiten mit ihren Dispositionen viel Geld verdienen. Entscheidend ist, dass man sich *rechtzeitig* von der Masse absetzt. Auch von den Analysten werden einseitige, interessensbestimmte Momentaufnahmen geboten, mit denen sie positive Gefühle der Anleger stimulieren. Opportunismus, Wunschdenken, grobe, das Bild frisierende Vereinfachungen, sind keine Seltenheit. Immer wieder werden damit im Börsenumfeld falsche Akzente gesetzt. Sie führen zu Fehleinschätzungen und Enttäuschungen, besonders, wenn sich im Markt ein Konsens bildet.

Achtzig Prozent der Analysen sind Kaufempfehlungen. Die Gurus müssen sie vielfach im Interesse der Finanzhäuser, ihrer Arbeitgeber, äußern. Vor der verflixten Börsenphase 2000/2001 heizten sie damit die Stimmung an, versprachen stets neue Höhepunkte, sahen aber nicht, dass der Glanz irgendwann erlöschen würde. Der Drang zum raschen Geld motivierte viele, den Trend unreflektiert mitzumachen. Jeder weiß ja, dass die Meinungen der Experten rund um den Globus verbreitet werden. Es liegt also nahe, dass die Kurstendenz eines Titels, ja ganzer Branchen und Märkte, auf diese Weise manipuliert werden kann. Allerdings: Bis zum Frühjahr 2000 als Hohepriester der Aktienmärkte gepriesen, dürften die Analysten einen Teil ihrer Glaubwürdigkeit und ihren einstigen Kultstatus für lange Zeit verloren haben.

Auch wenn die momentane Börsenentwicklung die rationale Verständniskraft der Teilnehmer übersteigt, können sich unangenehme Entwicklungen ergeben. Dies kann auf vielfältige Weise geschehen. Etwa dadurch, dass in den Informationsquellen Fernsehen, Zeitung und im Internet unterschiedliche Interpretationen verbreitet werden. Weil den Menschen sowohl bei der Verarbeitung und Weitergabe von Informationen, als auch bei deren Aufnahme subjektive Interpretationen, Fehler, Missverständnisse und Trugschlüsse unterlaufen, treten bisweilen verhängnisvolle Fehleinschätzungen und Verwirrungen auf. Verpasste Kursgewinn- oder Verlustbegrenzungschancen sind fast zwangsläufig das Resultat.

Das wohl größte Risiko – im Boom wie in Krisenzeiten – sind aber massenpsycholgische Wirkungen. Mit dem Nachahmungs- oder Herdentrieb, dem Mitläufereffekt, der uns blind, dumm und damit manipulierbar macht, sind spontane Kräfte in den Finanzmärkten am Werk, die auch andere Bereiche wie politische Prozesse, Mode oder Lifestyles steuern. Sobald wir uns als stolze Besitzer einer Aktie oder einer Obligation der Medien zur Information bedienen, sobald wir in Freundes-, Gesellschafts- oder Kollegenkreisen über dasselbe Thema diskutieren, Gedankenaustausch pflegen, vielleicht auch Investmentclubs beitreten, werden wir Teil einer Masse.

Und wie klassifizierte schon der Altmeister der Massenpsychologie, Gustave Le Bon, deren Eigenschaften? »Egal wie ähnlich oder wie unähnlich Lebensweise, Beschäftigung, Charakter oder Intelligenz ist, durch die Umformung in Masse besitzen die Menschen eine Gemeinschaftsseele, die sie ganz anders fühlen, denken, handeln lässt, als jeder einzelne es allein tun würde. Die Masse nimmt nicht den Geist, sondern die Mittelmäßigkeit in sich auf. Der Einzelne ist nicht mehr er selbst, sondern ein Automat geworden, dessen Betrieb sein Wille nicht mehr in der Gewalt hat.«

Solche Einflüsse bereiten den Boden für eine Euphorie des Marktes oder für eine Depression. Es wird Mode zu kaufen; die Kurse steigen, es kommt zur Hausse. Und jene, die noch nicht dabei sind, merken: »La hausse amène la hausse« – die Hausse ernährt die Hausse. Sie werden von der Angst erfasst, die Party zu verpassen. Ohne ausreichend feste Basis steigen die Kurse weiter, nur weil die Psychologie sie trägt. Immer wieder sind auf diese Art Spekulationsblasen im Zusammenhang mit technologischen Erfindungen entstanden. Die Menschen werden Spielball ihrer eigenen Hoffnungen und ihrer Gier, setzen auf Luft, nur weil eine Menge anderer Anleger es auch tun. Dabei gibt es doch so viele abschreckende Beispiele. Der in diesem Buch beschriebene Tulpenwahn ist nur eines davon.

Oft scheitern wir also nicht an mangelnder Integrität oder Erfahrung, an ungenügender Logik oder Kompetenz, sondern an irrationalen Faktoren, die uns daran hindern, den gesunden Menschenverstand walten zu lassen. Sie betreffen entweder den Einzelnen oder sind massenpsycholgisch bedingt. Meist sind beide, Egomanie und Herdentrieb, am Werk. Emotionen, Charaktereigenschaften, Vorurteile aller Art, Glaubensbekenntnisse können das Urteil trüben und verleiten uns – bisweilen wider besseres Wissen oder kompetenter Ratschläge – zu fragwürdigen Entscheidungen, die später bereut werden. Angst und Hoffnung, Gier und Geiz, Selbstüberschätzung und Eitelkeit spielen eine Rolle, können den Blick trüben und unsere Urteilskraft lähmen.

Die Psychlogie der Masse macht vor allem auch die hier mehrfach erörterte Frage des Timings so problematisch. Man gewöhnt sich an gewisse Markttrends und extrapoliert sie in die Zukunft. Weil es sich bei einem großen Teil der Börsianer also um Mitläufer handelt, die ihre Entscheidungen mit dem Markt treffen, kommt es so oft zu Euphorien. Gekauft wird trotz extrem hoher Bewertungen einzelner Aktien oder Märkte. Ähnlich wie beim Tulpenwahn war das 1929 und 1987 der Fall.

Im Jahr 2000, bei der Explosion der Neuen Märkte, wurden erstklassige Standardtitel, die zu Ausverkaufspreisen zu haben waren, links liegen gelassen. Das Motto lautete: Wenn alle auf dem Internetzug sitzen bleiben, kann er ja nur weiterlaufen. Kurz vor dem Wendepunkt springen dann auch die allerletzten, die es vorher nicht wagten, auf. Man nennt diese Phase auch die »Dienstmädchenhausse«. Die Letzten beißen aber bekanntlich die Hunde: Plötzlich und dynamisch beginnt der Verkaufsprozess. Die New Economy wird für tot erklärt, zahllose Firmen bleiben auf der Strecke, und der Markt, an dem sie gehandelt werden, bricht zusammen. Nun wird in die Gegenseite übertrieben – wie damals im Tulpenwahn.

So schwer es für Laien – ja, selbst für Experten – ist, sich ein unabhängiges und realistisches Bild der Wirtschaftslage zu machen, so erforderlich ist es gleichzeitig. Sie sollten jedenfalls nicht alles für bare Münze nehmen, was im Börsenumfeld über die Konjunktur erzählt wird und stets hinterfragen: Handelt es sich um einen einseitigen, interessensbestimmten Kommentar? Welche Kompetenz bringt der

Verfasser mit? Verlassen Sie sich nie auf eine einzige Meinung, lassen Sie vor allem Ihren eigenen Instinkt und Ihr eigenes kritisches Urteilsvermögen walten. Neben dem oft schwer zu beurteilenden Status der Wirtschaft sind Zyklen und Trends zu beachten, die im Hintergrund wirken.

Zugegeben – das ist nicht einfach. Man muss dafür die heute aus der Mode gekommene Fähigkeit besitzen, langfristig denken zu können. Außerdem braucht man ein gewisses Handwerkszeug, ein Instrumentarium, das sich erlernen lässt. Gewiss, dieser Lernvorgang ist kein Kinderspiel. Er lässt sich nicht von heute auf morgen und nur mit Disziplin, Konzentration und ständiger Übung vollziehen. Den Steigbügel dazu habe ich Ihnen in diesem Buch mit der Vermittlung einiger wirtschaftlicher Grundbegriffe und Regeln gehalten. Bleiben Sie nun am Ball, beobachten Sie, diskutieren und analysieren Sie die Dinge. Wenn Sie meine Ratschläge zum Schutz vor turbulenten Situationen befolgen, wenn Sie die goldenen Regeln und die Ihnen vorgeführten Chancen und Risiken der Anlage im Auge behalten, dann sollten Sie in der Lage sein, Dispositionen zu machen, die Sie besser schlafen lassen.

Die wachsende Bedeutung umfassender Finanzplanung im nächsten Jahrhundert wird klar, wenn man den Trend international steigenden Appetits des Fiskus und vieler neuer Steuergesetze betrachtet. Gerade Frauen, die länger leben, werden neben der Anlage mit allen ihren Grundinstrumenten auch Themen wie Altersvorsorge, Steueroptimierung, Testament, Erben (und Erbschaft hinterlassen) in den Mittelpunkt rücken müssen.

Es liegt also auf der Hand, dass die Motivation von Frauen aller Alters-, Berufs- und finanzieller Schichten groß ist, die Fundamente der Vermögensanlage bis hin zur Finanzplanung kennen zu lernen. Mit den zunehmenden frauenspezifischen Aus- und Weiterbildungsmöglichkeiten stellt sich schließlich auch die Frage, ob nach dem Millenniumwechsel gar eine Frauen-Power auf dem Finanzsektor heranwächst. »Nein«, habe ich kürzlich in einem Interview geantwortet, »aber es wird zu einem ausgewogenen Verhältnis zwischen Frauen und Männern kommen. Man wird mit uns in diesem Jahrtausend rechnen müssen!«

Eines lässt sich jedenfalls mit Bestimmtheit sagen: Immer mehr Frauen lernen, mit der Kapitalanlage umzugehen. Sie wissen, wie Wirtschaftszeitungen oder Börsenbriefe zu interpretieren sind, die sie – und das kann ich am eigenen Beispiel belegen – in der Handtasche mitnehmen, wenn sie auf Reisen gehen. Selbstverständlich wissen sie zudem, wie sich die Kostenstrukturen des Kaufs oder Verkaufs von Aktien und Obligationen darstellen und wo sie am günstigsten zu haben sind. Und sie haben darüber hinaus das gewisse Etwas, das für eine überdurchschnittliche Performance nötig ist: Unabhängig von professionellen Ratgebern können sie die Marktpsychologie oft besser einschätzen als Männer. Ihre Stärke ist damit, was der *Platow-Brief* von heute als entscheidende Voraussetzung für den Anlageerfolg herausstellt: das Timing. Mich wundert es darum nicht, dass Frauen, die Verstand und Know-how mit einer guten Portion Sensibilität und Instinkt mischen, im Schnitt die besseren Resultate im Vergleich zu ihren männlichen Mitstreitern erarbeiten.

Glossar

AAA-Rating Beste Benotung der Fachagenturen für die Zahlungsfähigkeit eines Schuldners

Aktie Wertpapier, das Anteilsrechte an einer Aktiengesellschaft verbrieft (wie Vermögens- und Mitbestimmungsrechte) und auf Inhaber oder Namen ausgestellt wird

Bull und Bär Der Bulle symbolisiert den Aufwärtstrend an der Börse, der Bär hingegen deren Abwärtstrend

Benchmark Vergleichsmaßstab für den Anlageerfolg, z. B. der Dax oder die Rendite der zehnjährigen Staatsobligation der verschiedenen Länder

Bezugsrecht Berechtigt zum Erwerb neu auszugebender Aktien (Kapitalerhöhung)

Bluechip Aktie einer erstklassigen, global operierenden Gesellschaft

Bonität Kreditfähigkeit, Schuldnerqualität eines Werpapierherausgebers

Bookbuilding-Prozess Methode bei der Ausgabe von Wertpapieren, die die Preisvorstellungen der Zeichner/Anleger bei der Findung des Emissionskurses berücksichtigt

Boom Überhitztes Wirtschaftswachstum; an der Börse: haussierende, d. h. stark anziehende Kurse

Börsenindex Nach bestimmten Kriterien ausgesuchte Anzahl von Aktien, die die Börsentendenz eines Landes, von Branchen, Regionen u. s. w. misst

Börsenkurs Kurs, zu dem ein Wertpapier an der Börse gehandelt wird

Buchgewinn/-verlust Nicht realisierter Gewinn oder Verlust durch Kurssteigerungen bzw. Kursverluste

Buchwert Bilanzierte Vermögenswerte abzüglich der Schulden

***C**all* (Kauf-) Option, die den Käufer berechtigt, eine bestimmte Menge eines Basiswertes zu einem festgelegten Preis in einem bestimmten Zeitraum zu beziehen

Cashflow Liquidität, die ein Unternehmen aus eigener Kraft erwirtschaftet (Jahresüberschuss/Jahresfehlbetrag plus Abschreibungen)

***D**ax (Deutscher Aktienindex)* Repräsentativer Index, der die Wertentwicklung eines Portefeuilles von 30 deutschen Standardwerten misst

Deflation Sinkendes Preisniveau aufgrund einer Verknappung des Geldes, das häufig in einer Rezession zu beobachten ist

Depot/Portfolio Alle bei einer Bank liegenden Wertschriften eines Anlegers inkl. Cash-Bestände

Derivate Sammelbegriff für Finanzinstrumente, die von einem Basiswert wie z. B. Aktien, Obligationen, Rohstoffe abgeleitet werden. Zu den Derivaten gehören neben den Futures und Optionen auch Warrants (Optionsscheine)

Dividende Gewinnabhängige Auszahlung einer Gesellschaft an ihre Aktionäre

Dow Jones Index Weltweit beachtete Messlatte für die Kursveränderungen von 30 ausgesuchten US-Aktien, die an der N. Y. Stock Exchange gehandelt werden

***E**mission* (emittere, lat.: hinausschicken) Ausgabe neuer Wertschriften zur Kapitalaufnahme auf dem Markt

Emissionssyndikat An einer Wertpapieremission beteiligte Banken

Erstzeichner Käufer einer Aktie, die neu an den Markt kommt

Ertrag Der Geldzufluss aus einer Anlage (Dividenden, Zinsen, Kursgewinne etc.)

Eskomptieren Vorwegnehmen, bereits im Kurs enthalten

EUREX Zusammenschluss der Deutschen Terminbörse DTB und der Swiss Options and Financial Futures Exchange SOFFEX zur Europäischen Terminbörse, an der Zins-, Aktien- und Devisenprodukte gehandelt werden

EuroStoxx Europäische Aktienindizes, z. B. der EuroStoxx 50; er enthält 50 Bluechips aus der EU

***F**avoriten* Besonders bevorzugte Titel

Feindliche Übernahme Übernahme einer Gesellschaft gegen den Willen des Managements

Fonds Sammelvermögen, in das eine Vielzahl von Anlegern Einzahlungen leisten, die nach dem Grundsatz der Diversifikation in ausgewählte Anlagen investiert werden.

Fundamentals Grundlegende Daten, die zur Beurteilung der Konjunktur oder eines Unternehmens führen

Fusion Zusammenschluss zweier (oder mehrerer) Gesellschaften

***G**eldmarkt* Markt für Guthaben und Kredite mit einer Laufzeit bis zu zwölf Monaten

Geldmarktzinsen Entgelt in Prozent für Anlagen mit kurzfristiger Laufzeit

Gewinnmarge Gewinn in Prozent des Umsatzes

Going-Public Börsengang einer Gesellschaft

***H**ausse (Baisse)* Periode mit überaus steigenden (sinkenden) Börsenkursen

Hedge Funds Neue Art unkonventioneller Anlagefonds, deren Zahl und Vielfalt beinahe unbegrenzt ist, da die Strategien beliebig kombinierbar sind

Hypothek Gesicherter Kredit zur Finanzierung von Immobilien

Inflation Anstieg des Preisniveaus

Inflationäre Geldschöpfung Geldmengenerhöhung, die eine Inflation induziert

Kapitalerhöhung Erhöhung des Aktienkapitals durch Ausgabe neuer Aktien

Kapitalmarktanlagen Anlagen, deren Laufzeit auf über ein Jahr festgelegt wurde (Aktien, Anleihen etc.)

Kapitalmarktzinsen Prozentsatz, den Anleger für langfristig ausgeliehene Beträge von ihren Schuldnern erhalten

Kauf-/Verkaufslimit Festgelegte Preisgrenze zum Kauf oder Verkauf eines Wertpapiers

KGV Zeigt an, wie oft der geschätzte Gewinn je Aktie im Aktienkurs enthalten ist; je tiefer diese Verhältniszahl, desto günstiger die Aktie

Kommerzkredit An Firmen ausgeliehene Bankkredite

Konsumklimaindex Index, der die Konsumentenstimmung eines Landes misst

Kotierung Börsenzulassung für ein Wertpapier

Kupon Berechtigt den Inhaber eines festverzinslichen Wertpapiers zum Bezug von Zinsen für eine festgelegte Periode

Laufzeit Zeitraum zwischen Beginn und Ende eines Schuldverhältnisses, z. B. bei Anleihen oder Obligationen

Marktzins Aktueller Zins eines repräsentativen Produktes (z. B. Bundesanleihen, Eidgenossen) auf dem Finanzmarkt

Nasdaq Vollelektronische US-Börse, an der vorwiegend Technologieaktien gehandelt werden

Nemax Index für die am Neuen Markt in Deutschland gehandelten Aktien

Nennwert (Aktien) Teilsumme des Aktienkapitals

New Economy Bereiche der Wirtschaft, die im Gegensatz zur Old Economy von Produkten des High-Tech-Sektors getragen werden

Neue Märkte/New Markets Börsen für junge Unternehmen vornehmlich der New Economy

Nominalwert (Obligation) Betrag, der jährlich verzinst und in der Regel am Ende der Laufzeit zurückbezahlt wird, d. h. zu 100 Prozent.

***O**bligation, Rente oder Anleihe* Schuldverschreibung, mit der fremde Gelder für einen festgelegten Zeitraum gegen Zahlung von Zinsen aufgenommen werden

Option (siehe Warrant)

Order Kauf- oder Verkaufsauftrag des Anlegers an seine Bank

***P**/E* Price/Earnings-Ratio: englischer Ausdruck für das Kurs-Gewinn-Verhältnis (KGV) einer Aktie

Pari Der Rückzahlungskurs einer Anleihe entspricht dem Nennwert; unter/über pari bedeutet, der Kurs ist niedriger/höher als der Nennwert

Partizipationsschein/Genussschein Stimmrechtsloses Wertpapier

Performance Anlageerfolg (Kurssteigerung/Kursverlust eines Titels bzw. Gesamtbetrag eines Portefeuilles)

Put (Verkaufs-) Option, die den Käufer berechtigt, eine bestimmte Anzahl Aktien zu einem festgelegten Kurs in einem bestimmten Zeitraum zu verkaufen

Qualität (Bonität) der Schuldner Zahlungsfähigkeit und Marktposition der Schuldner

Rating Bewertung der Zahlungsfähigkeit von internationalen Schuldnern (Anleihen) durch Fachagenturen

Rendite In Prozent ausgedrückter tatsächlich mit einer Anlage erwirtschafteter Gewinn oder Verlust unter Berücksichtigung aller für den Ertrag wichtigen Einflussgrößen: Zinsausschüttung, Laufzeit, Unterschied zwischen Kauf- und Verkaufspreis bzw. Rückzahlungskurs

Restlaufzeit Zeitraum vom aktuellen Datum bis zum Verfall einer Anleihe

Stagnation Weder Wirtschaftswachstum noch -schrumpfung, konjunkturelle Seitwärtsbewegung

Standard & Poor's Umfassendster amerikanischer Aktienindex (S&P)

Stock Picking Selektion einzelner Aktien

Stück-/Marchzinsen Beträge, die bei einem Zinskupon vor dem Ausschüttungsdatum der Obligation auflaufen

Swiss Market Index (SMI) Repräsentativer Schweizer Aktienindex für 27 bis 30 Standardtitel

Swiss New Market Index (SNMI) Index für die am Neuen Markt Schweiz gehandelten Aktien

Termingeschäfte/Futures Waren-, Devisen- und Effektengeschäfte, bei denen die Lieferung bzw. Abnahme und Bezahlung der gehandelten Werte nicht am Tag des Vertragsabschlusses, sondern an einem später vereinbarten Zeitpunkt zu einem bei Abschluss fixierten Preis erfolgt

Timing Wahl des Zeitpunktes für den Kauf/Verkauf von Wertpapieren

Titel Allgemeine Bezeichnung für Wertpapiere

Transaktion Abwicklung des Kaufs bzw. Verkaufs eines Wertpapiers

virt-X Gemeinsame vollelektronische Handelsplattform der Schweizer Börse SWX mit der Londoner Trade Point
Volatilität Kursausschläge

Warrant(s)/Option Recht auf den Kauf oder Verkauf eines Basiswertes zum Ausübungspreis innerhalb einer bestimmten Laufzeit
Wertpapier Verbrieftes Recht auf ein Anteils- oder Gläubigerrecht
Wertpapierkennnummer/Valorennummer Numerische Identifikation eines Wertpapiers

Xetra Vollelektronische Handelsplattform für sämtliche an der Frankfurter Wertpapierbörse gehandelten Aktien

Zeichnung Anmeldung für den Kauf in Emission befindlicher Wertschriften bei einer Bank
Zentralbank, Notenbank Die Bank der Banken, die die Verantwortung für die Stabilität des Geldwertes trägt und die Währungs- und Kreditpolitik sowie den Zahlungsverkehr eines Staates leitet und regelt

Literatur

Bilitza, Karl-Heinz: *Geld verdienen an der Börse für Einsteiger und Profis;* Verlag Wilhelm Heyne, München 1990.

Botti, Guiseppe: *Tu was für Dein Geld, spekuliere;* Jean Frey-Verlag, Zürich 1998.

Brichta, Raimund unter Mitarbeit von Anton Voglmaier: *Die unbeschreibliche Leichtigkeit des Geldanlegens;* Finanz Buch Verlag, München 2001.

Böttger, Walter: *Kultur im alten China;* Urania-Verlag, Leipzig, Jena, Berlin.

Dash, Mike: *Tulpenwahn;* Urania-Verlag, Leipzig, Jena, Berlin.

Erlenbach, Erich/Gotta, Frank: *So funktioniert die Börse;* Societäts-Verlag, Frankfurt/Main 1988.

Fourçans, André: *Die Welt der Wirtschaft;* Campus Verlag, Frankfurt/Main 1999.

Goldberg, Joachim/von Nitzsch, Rüdiger: *»Behavioral Finance«. Gewinnen mit Kompetenz;* Finanz Buch Verlag, München 1999.

Heri, Erwin W.: *Die acht Gebote der Geldanlage;* Verlag Helbling & Lichtenhahn, Vahlen, Basel, Genf, München 2000.

Heri, Erwin W.: *Was Anleger auch noch wissen sollten ...;* Verlag Helbing & Lichtenhahn, Basel, Frankfurt/Main 1996.

Hölger, Tanja: *Studie des Marktforschungsinstituts Psychonomics im Auftrag des deutschen Instituts für Altersvorsorge;* Köln 2001.

Jeske, Jürgen/Barbier, Hans D.: *So nutzt man den Wirtschaftsteil einer Tageszeitung;* Societäts-Verlag, Frankfurt/Main 1993.
Kauper, Ingeborg: *Festverzinsliche Wertpapiere;* Economica Verlag, Bonn 1992.
Kiehling, Hartmut: *Kursstürze am Aktienmarkt;* Verlag C. H. Beck, München 1991.
Kommer, Gerd: *Weltweit Investieren mit Fonds;* Campus Verlag, Frankfurt/Main 2001.
Kostolany, André: *Kostolanys Börsenseminar für Kapitalanleger und Spekulanten;* Econ Verlag, Düsseldorf, Wien 1991.
Le Bon, Gustave: *Psychologie der Massen;* Stuttgart 1968.
Maurer, Hermann C.: *Kompetenz in der Vermögensverwaltung;* Schulthess Polygraphischer Verlag, Zürich 1998.
Merten, Hans-Lothar: *Finanznachrichten gezielt nutzen;* Walhalla-Fachverlag, Regensburg, Berlin 2001.
Platow Prognose 2001; Verlag Aktuelle Information, Frankfurt 2000.
Pierer, Heinrich von: *Die New Economy braucht Substanz;* Welt am Sonntag, Nr. 8, 25. Februar 2001.
Schäfer, Bodo: *Der Weg zur Finanziellen Freiheit;* Campus Verlag, Frankfurt/Main, New York 2000.
Schubert, Renate: *Sind Frauen risikoaverser als Männer? Geschlechtsspezifische Unterschiede für finanzielle Entscheidungen;* ETH, Zürich 2001.
Weimer, Wolfram: *Geschichte des Geldes;* Insel Verlag Frankfurt/Main, Leipzig 1992.
Zänker, Alfred: *Die vielen Gesichter der Dummheit. Torheit – eine Triebfeder des Lebens;* Mut-Verlag, Asendorf 2001.
Zänker, Alfred: *Weltwirtschaft wohin, Langzeitdenken als Orientierungshilfe;* Stiftung Marktwirtschaft und Politik.
Zimmermannn, Hugo: *Total Börse!* Versus Verlag, Zürich 1997.